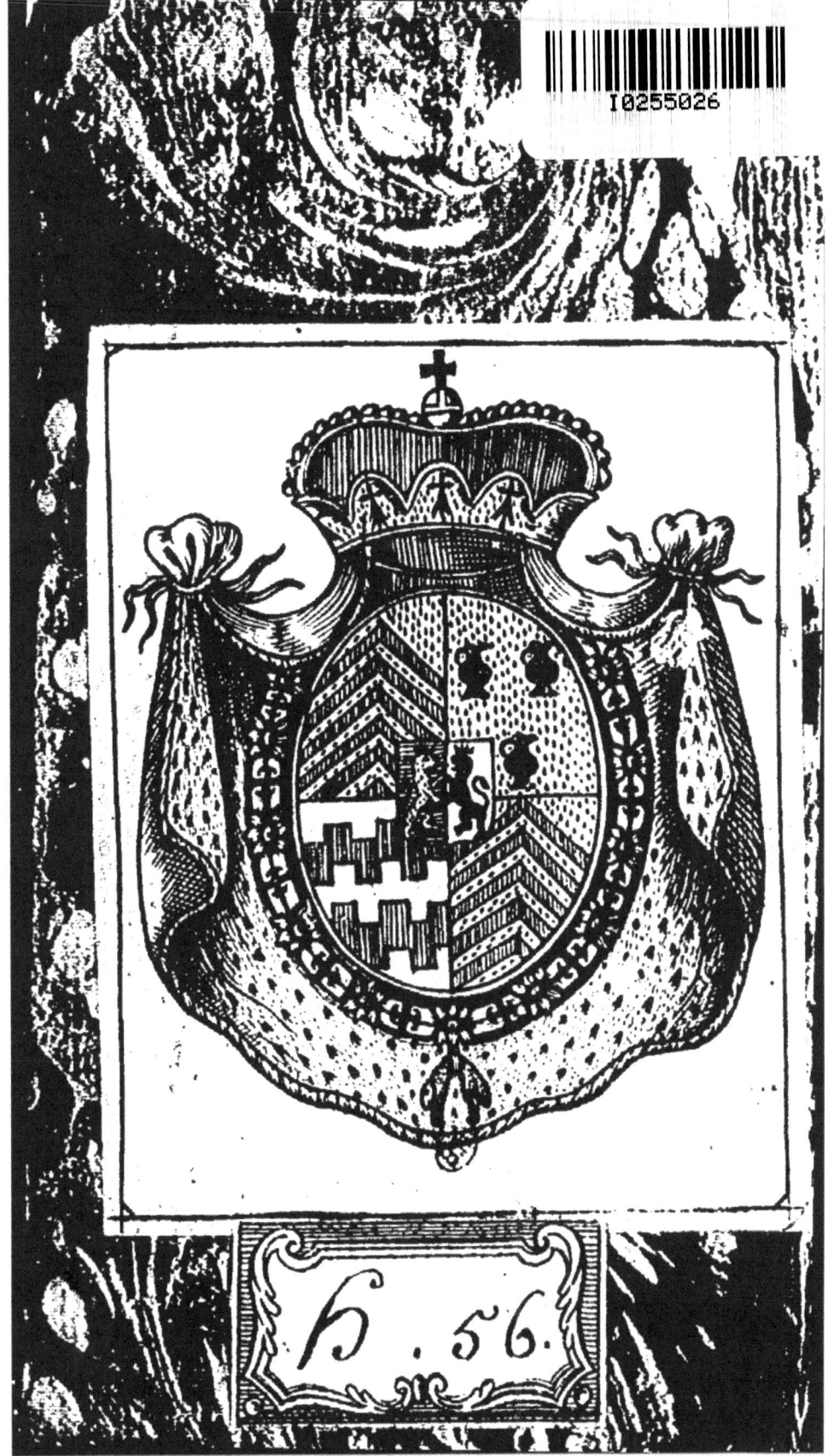

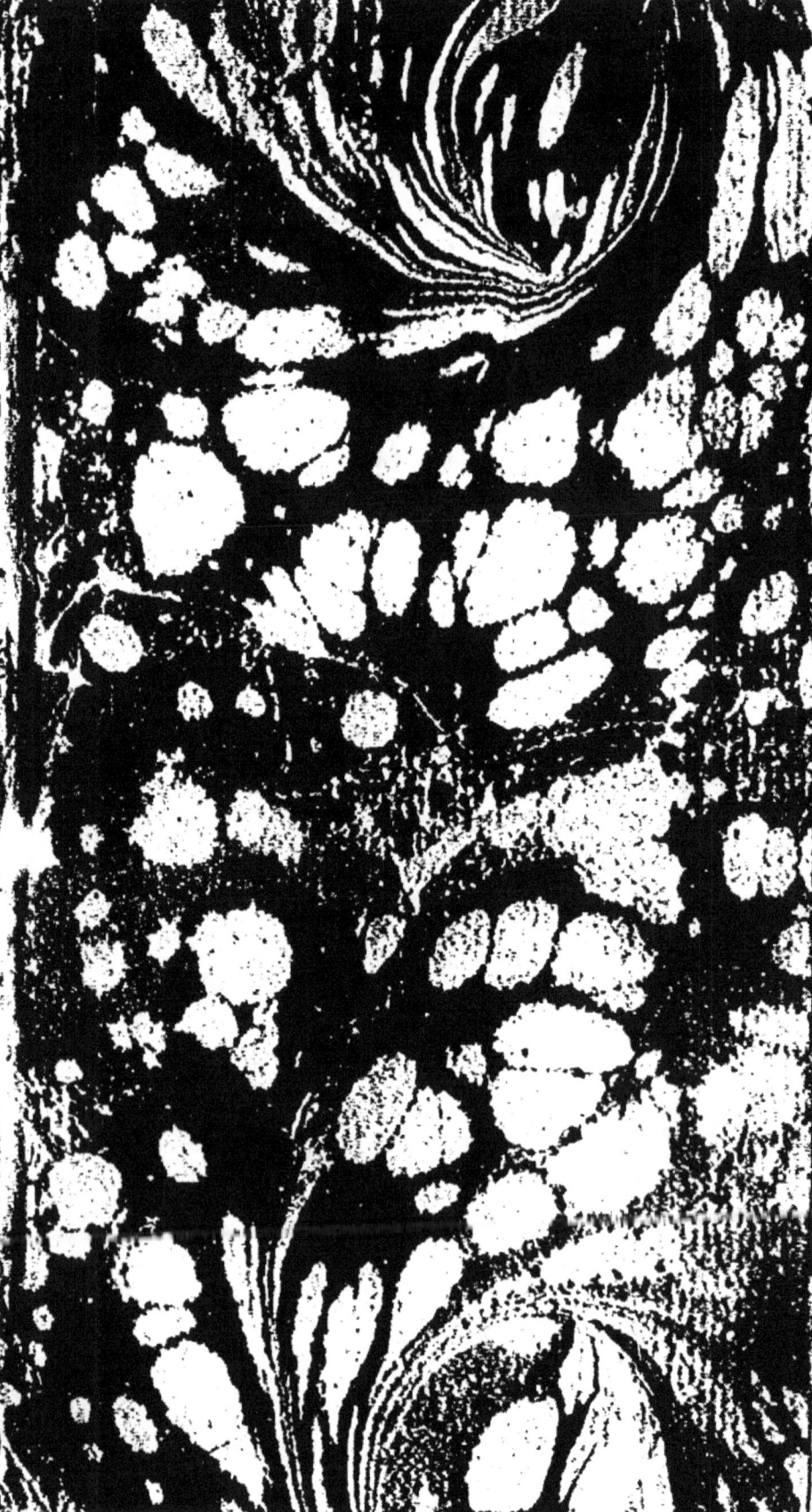

FABLIAUX
ET
CONTES
DES POETES
FRANÇOIS
DES
XII, XIII, XIV & XVes Siécles,
Tirés des meilleurs Auteurs.
TOME III.

A AMSTERDAM,
Chez ARKSTÉE ET MERKUS.

M DCC LVI.

TABLE
DES FABLIAUX

Contenus en ce Volume.

DE Boivin de Provins, tiré du Mſ. du Roi 7218. page 1

La Chaſtelaine de S. Gilles, du même Mſ. 21

De ſire Hain & dame Anieuſe, du même. 39

Eſtula, du même. 60

Des trois aveugles de Compiengne, du même. 68

Tome III.

TABLE.

Du Chevalier qui faifoit parler les .... & les .... tiré du Mſ. de l'Eglife de Paris coté N. 2. 85

De l'anel qui faifoit les ... grands & roides, tiré du Mſ. du Roi 7615. 123

De Gautron & de Marion, du même Mſ. 126

Du vilain à la C.... noire, du Mſ. de l'Eglife de Paris, coté N. 2. 128

Ci commence d'une Dame de Flandres c'uns Chevalier tolli à un autre par force, du même Mſ. 135

Des trois Meſchines, du Mſ. du Roi 7218. 142

La Saineresse, du même. 149

TABLE. vij

De la Damoiselle qui ſonjoit, du même. 155

D'une pucelle qui ne pooit oïr parler de .... *qu'elle ne ſe paſmaſt*, du Mſ. du Roi 7615. 160

De celle qui ſe fiſt .... *ſur la foſſe de ſon mari*, du même Mſ. 167

Le jugement des C.... du même. 174

Du peſcheor de Pont ſeur Saine, du même. 183

De la Grue, du même. 194

Du ſot Chevalier, du même. 202

Du feure de Creeil, du même. 218

TABLE.

Ci après commence d'une Damoiselle qui onques pour nelui ne se volt marier, mais volt voler en l'air, tiré du Mſ. de l'Egliſe de Paris cote N. 2.   228

C'eſt de la Dame qui aveine demandoit pour Morel ſa provende avoir, tiré du même Mſ.   236

De Berengier au lonc cul, tiré du même Mſ. N° 7218.   254

FABLIAUX

FABLIAUX
ET
CONTES
DES POETES FRANÇOIS
Des XII, XIII, XIV & XVe Siécles,
Tirés des meilleurs Auteurs.

DE BOIVIN DE PROVINS.

OULT bons lechiere fu Boi-
vins,

Porpensa soi que à Provins

A la foire voudra aler,
Et si fera de lui parler :

Ainſi le fet com l'a empris,
Veſtus ſe fu d'un burel gris,
Cote, & ſorcot, & chape enſamble,
Qui tout fu d'un, ſi com mol ſamble,
Et ſi ot coiffe de Borras,
Ses ſollers ne ſont mie à las,   10
Ainz ſont de vache dur & fort,
Et cil qui moult de barat ſot,
Un mois & plus eſtoit remeſe
Sa barbe qu'ele ne fu reſe,
Un aguillon priſt en ſa main,
Por ce que miex ſemblaſt vilain,
Une borſe grant acheta,
Douze deniers dedens mis a,
Que il n'avoit ne plus ne moins,
Et vint en la rue aus putains,   20
Tout droit devant l'oſtel Mabile,
Qui plus ſavoit barat & guile,
Que fame nule qui fuſt,
Iluec s'aſiſt deſus un fuſt

Qui estoit delez sa meson,
Delez lui mist son aguillon,
Un poi torna son dos vers l'uis.
Hui mes orrez que il fist puis.
Par foi, fet-il, ce est la voire,
Puisque je sui hors de la foire, 30
Et en bon leu, & loing de gent,
P usse bien de mon argent
Tout seul par moi savoir la some,
Ainsi le font tuit li sage home,
J'ai de Rouget trente neuf saus,
Douze deniers en ot Giraus,
Qui mes d... bues m'aida à vendre,
Amales forches peust-il pendre,
Por ce qu'il retint mes deniers,
Douze en retint li pautoniers, 40
Et se li ai-je fet maint bien,
Or est ainsi, si ne vaut rien,
Il me vendra mes bues requerre,
Quant il voudra arer sa terre,

Et il devra semer son orge;
Mal dehez ait toute ma gorge,
S'il a james de moi nul preu,
Je lui cuit moult bien metre en leu,
Honis soit-il & toute s'aire.
Or parlerai de mon afaire, 50
J'oy de Sorin dix-neuf saus,
De ceux ne fui-je mie faus;
Quar mon compere Dans Gautiers
Ne m'en donast pas tant deniers,
Com j'ai eu de tout le mendre,
Por ce fet bon au marchié vendre,
Il vousist ja creance avoir,
Et j'ai assemblé mon avoir,
Dix-neuf saus & trente-neuf,
Itant furent vendu mi buef, 60
Diex c'or ne sai que tout ce monte,
Si meïsse tout en un conte,
Ne le sauroie sommer,
Qui me devroit tout assommer,

Ne le sauroi-je des mois,
Se je n'avoie feves ou pois,
Que chascuns pois feist un sout,
Ainsi le sauroi-je tout,
Et né pourquant me dist Sirous,
Que j'oi des bues cinquante sous, 70
Qui les conta si les reçut,
Mes je ne sai s'il m'en deçut,
Ne s'il m'en a neant emblé,
Qu'entre deux festiere de blé,
Et ma jument & mes porciaus,
Et la laine de mes aigniaus
Me rendirent tout autrestant,
Deux fois cinquante ce font cent,
Ce dist uns gars qui fist mon conte,
Cinq livres dist que tout ce monte. 80
Or ne lerai por nule paine,
Que ma borse qui est toute plaine
Ne soit vuidie en mon giron.
Et li houlier de la meson

Dient, ça vien, Mabile escoute;
Cil deniers sont nostre sans doute,
Se tu mes céens ce vilain,
Il ne sont mie à son oës sain,
Dist Mabile lessiez-le en pes;
Qu'il ne me puet eschaper mes, 90
Toz les deniers je les vos doi,
Les iex me crevez, je l'otroi,
Se il en est à dire un seus:
Mes autrement ira li geus,
Qu'ele ne cuide, ce me samble;
Quar li vilains conte & assamble
Douze deniers sans plus qu'il a,
Tant va contant & çà & là,
Qu'il dist or est vingt sols cinq fois,
Desormes est-il bien droiz 100
Que je les garde, ce sera sens;
Mes d'une chose me porpens,
S'or eusse ma douce niece,
Qui fu fille de ma suer Tiece,

ET CONTES. 7

Dame fuſt or de mon avoir,
El s'en ala par fol favoir
Hors du païs en autre terre,
Et je l'ai fete maint jor querre
En maint païs, en mainte vile,
Ahi, douce nieçe Mabile,   110
Tant eſtiiez de bon lingnage,
Dont vous vint ore tel corage,
Or font tuit troi mort mi enfant,
Et ma fame dame Sierfant.
James en mon cuer n'aurai joie
Devant cele eure que je voie,
Ma douce nieçe en aucun tans,
Lors me rendiſſe moine blans,
Dame fuſt or de mon avoir,
Riche mari peuſt avoir.   120
Ainſi la plaint, ainſi la pleure,
Et Mabile faut en çele eure,
Les lui s'afiſt & diſt preudom,
Dont eſtes-vous, & voſtre nom,

A iiij

Je ai non Fouchier de la Brouce,
Mes vous samblez ma niece douce,
Plus que nule fame qui fuſt,
Cele ſe paſme, ſor le fuſt;
Quant ſe redreſce, ſi diſt tant;
Or ai-je ce que je demant, 130
Puis ſi l'acole & ſi l'embrace,
Et puis li beſe bouche & face,
Que ja n'en ſamble eſtre ſaoule;
Et celui qui moult ſot de boule,
Eſtraint les dents & ſi ſouſpire;
Bele niece ne vous puis dire
La grant joie que j'ai au cuer.
Eſtes-vous fille de ma ſuer?
Oïl, ſire, de dame Tiece;
Moult ai eſté por vous grant piece,
Fet li vilains ſans avoir aiſe, 141
Eſtroitement l'acole & baiſe,
Ainſi aus deux mainent grant joie.
Et deux houliers enmi la voie

Iſſirent fors de la meſon.
Font li houlier, iciſt preudom,
Eſt-il or nez de voſtre ville ?
Voir, c'eſt mon oncle, diſt Mabille,
Dont vous avoie tant bien dit,
Vers aus ſe retorne un petit, 150
Et tret la langue & tuert la joe,
Et li houlier refont la moe.
Eſt-il donc voſtre oncle ? Oïl voir.
Grant honor i poez avoir,
Et il en vous ſans nul redout.
Et vous preudon du tout en tout,
Font li houlier ſommes tuit voſtre,
Par ſaint Pierre le bon Apoſtre.
L'oſtel aurez ſaint Julien,
Il n'a homme juſqu'à Gien, 160
Que plus de vous euſſons chier.
Par les bras prennent Dant Fouchier,
Si l'ont dedens lor oſtel mis.
Or toſt, ce diſt Mabile, amis,

A v

Achatez oéz & chapons.
Dame, font-il, venez ça dons,
Je n'avons nous goute d'argent.
Teslez, fet-ele, mauvese gent,
Metez houces, metez forcos;
Sor le vilain ert li escos, 170
Cis escos vous sera bien saus,
S'empres aurez plus de cent saus.
Que vous iroi-je contant,
Li dui houlier de maintehant
Coment qu'il aient fet chevance,
Deux cras chapons fans demorance
Ont aporté avoec deux oes,
Et Boivin lor a fet les moes,
Entant come il fe font tornez.
Mabile lor dist or vous foiez 180
Preus & vistes d'appareillier.
Qui donc veïst com li houlier
Plument chapons & pluméñt oies,
Et Yfangs fist toutes voies,

Le feu & ce qu'ele ot aferé.
Et Mabile ne se pot tere,
Qu'el ne parlast à son vilain.
Biaus oncles sont ores tuit sain
Voftre fame, & mi dui neveu,
Je cuit qu'il sont ore moult preu. 190
Et li vilains si li respont,
Bele niece, tuit troi mort sont,
Par pou de duel n'ai esté mors,
Or serez-vous toz mes confors
En mon païs, en noftre ville.
Ahi lasse, ce dift Mabile,
Bien deusses or vive enragier;
Lasse, s'il fust après mengier,
Il n'alast pas si malement.
Lasse je vi en mon dormant, 204
Cefte aventure en cefte nuit.
Dame li chapons sont tout cuit,
Et les deux oies en un hafte,
Ce dift Yfane qui les hafte,

A vj

Ma douce dame alez laver,
Et si lessiez vostre plorer,
Adonc font au vilain le lorgne,
Et li vilains qui n'ert pas borgne,
Qui le moquent en le meson,
Font li houlier sire preudon, 210
N'estes pas sages, ce m'est vis,
Lessons les mors, prenons les vis.

Adonc sont assis à la table,
Mes du mengier ne fu pas fable,
Assez en orent à plenté,
De bon vin n'orent pas chierté,
Assez en font au vilain boivre,
Por enyvrer & por deçoivre,
Mes il ne les crient ne doute,
Desous sa chape sa main boute, 220
Et fet semblant de trere argent.
Dist Mabile, qu'alez querant,
Biaus dous oncles, dites le moi ?
Bele niece, bien sai & voi

Que moult vous coufte cift mengiers,
Je mettrai ci douze deniers,
Mabile jure, & li houlier,
Que il ja n'i metra d'enier.
La table ofte quant ont mengié,
Et Mabile a donné congié   230
Aus deux houliers d'aler la hors,
Si vous fera bons li eflors,
Que bien avez eu difner,
Or prenez garde du fouper.
Li dui houlier s'en font torné,
Après aus font li huis fermé.
Mabile prift à demander,
Biaus dous oncles ne me celer,
S'euftés pieça compaignie
A fame, nel me celez mie,   240
Puifque voftre fame fu morte,
Il eft moult fols qui trop forporte
Talent de fame, c'eft folie,
Autreffi come defamie.

Niece il a bien set ans toz plains,
Tant a-il bien ? a tout le mains,
Ne de ce n'ai-je nul talant.
Tesiez oncles ; Diex vous avant ;
Mes gardez ceste meschine :
Adonc bat trois fois sa poitrine, 250
Oncles je ai moult fort pechié,
Qu'à ses parens l'ai fors trechié,
Por seul son pucelage avoir,
Eusse je moult grant avoir ;
Mes vous l'aurez, que je le vueil,
A Ysane cluingue de l'ueil,
Que la borse li soit copée.
Li vilains ot bien en pensée
De coper la avant qu'Ysane ;
La borse prent & si la trenche 260
Dans Fouchier, & puis l'estiue
En son sain près de sa char nue
La mist, & puis si s'en retorne
Vers Ysane sa chiere torne

ET CONTES.   15

Et s'en vindrent li un vers l'autre,
Andui se vont couchier el piautre.
Ysane va avant couchier,
Et moult pria à Dant Fouchier,
Por Dieu que il ne la bleçast.
Adonc convint que il ostast   270
La coiffe au cul por fere l'uevre,
De sa chemise la descuevre,
Puis si comence à arecier,
Et cele la borse à cerchier,
Que qu'ele cerche, & cil l'estraint,
De la pointe du ... la point,
El ... li met jusqu'à la coille,
Dont li bat le cul, & rooille,
Tant ce m'est vis qu'il ot ....
Ses braies monte, s'a veu   280
De sa borse les deus pendans.
Ha las, fet-il, chetiz dolans,
Tant ai hui fait male jornée,
Niece ma borse m'est copée,

Ceste fame le m'a trenchie.
Mabile l'ot, s'en fut moult lie,
Et bien cuide que ce foit voir,
Qu'ele covoitoit moult l'avoir.
Maintenant a son huis desclos,
Dant vilain, fet-ele, alez hors, 295
Dont me fetes ma borse rendre.
Je vous baudrai la hart à pendre,
Alez toft hors de ma meson,
Ainçois que je pregne un baston.
Cele un tison prent à deux mains;
Adonc s'en va hors li vilains,
Qui n'ot cure d'avoir des cops.
Après lui fu toft li huis clos.
Tout entor lui chafcuns affamble,
Et il lor mouftre à toz enfamble 300
Que fa borfe li ont copée.
Et Mabile l'a demandée
A Yfane, baille ça toft,
Que li vilains va au Provoft,

Foi que je doi faint Nicholas,
Dift Yfane, je ne l'ai pas,
Si l'ai je moult cerchié & quife.
Por un poi que je ne te brife,
Pute orde viex, toutes les dans
En ne vi-je les deux pendans, 315
Que tu copas jel fai de voir,
Cuides les tu por toi avoir ?
Se tu m'en fez plus dire mot,
Pute vieille, baille ça toft.
Dame, coment vous baillerai,
Dift Yfane, ce que je n'ai ?
Et Mabile aus cheveus li cort,
Qui n'eftoient mie trop cort,
Que jufqu'à la terre l'abat,
Aus piez & aus poins la debat, 320
Qu'ele le fet poirre & chier,
Pour Dieu, pute, ce n'a meftier.
Dame or leffiez, or les querrai
Tant, fe puis que les troverai,

Se de ci me lefliez torner.
Va, fet-ele, fans demorer,
Mes Mabile l'eftrain reborfe,
Qu'ele cuide trover la borfe.
Dame or enten, ce dift Yfane,
Perdre puiffe-je cors & ame, 330
S'onques la borfe s'oi ne vi,
Or me poez tuer ici.
Par Dieu, pute, tu i morras,
Par les cheveus & par les dras
L'a tirée jufques à fes piez ;
Et ele crie, aidiez, aidiez,
Quant fon houlier dehors l'entent,
Cele part cort ifnelement,
L'uis fiert du pié fans demorer,
Si qu'il le fet des gons voler ; 340
Mabile prift par la chevece,
Si qu'il laderont par deftrece,
Tant eft la robe derompue,
Que dufqu'au cul en remeft nue,

Puis l'a prise par les chevols,
Du poing li donc de grans cops
Parmi le vis enmi les joes,
Si qu'eles font perses & bloes;
Mes ele aura par tens secors,
Que son ami i vient le cors, 350
Qui au crier l'a entendue,
Tout maintenant sans atendue,
S'entreprennent li dui glouton.
Lors veissiez emplir meson,
Et de houliers & de putains,
Chascuns i mist adonc les mains.
Lors veissiez cheveux tirer,
Tisons voler, dras deschirer,
Et l'un desous l'autre cheir;
Li marcheant corent veir 360
Ceus qui orent rouge testée,
Que moult i ot dure meslée,
Et se s'i mistrent de tel gent,
Qui ne s'en pattirent pas gent;

Teus i entra à robe vaire,
Qui la treſt route & à refaire.
Boivin s'en vint droit au Provoſt,
Se li a conté mot à mot,
De chief en chief la vérité,
Et li Provoſt l'a eſcouté, 370
Qui moult ama la lecherie,
Sovent li fiſt conter ſa vie
A ſes parens, à ſes amis,
Qui moult s'en ſont joué & ris.
Boivins remeſt trois jors entiers,
Se li dona de ſes deniers
Li Provos dix ſols à Boivins,
Qui ceſt fabel fiſt à Provins.

Explicit le Fabel de Boivin.

LA CHASTELAINE DE SAINT GILLE.*

IL avint l'autrier à Saint Gille
C'uns Chastelains ot une fille,
Qui moult estoit de haut parage,
Doner la volt par mariage
A un vilain qui moult riche ere.
Ele respondi à son pere,
Si m'aït Diex, ne l'aurai ja.
» Ostez-le moi, cel vilain là,
» Se plus l'i voi, je morrai ja.

---

* Cette piece est composée par strophes ou couplets, & à la fin de chacun il y a une chanson ; c'est ce qui est marqué par des guillemets.

Je morrai ja, dift la pucele, 10
Se plus me dites tel novele,
Biau pere, que je vous oi dire,
Si me gart Diex d'anui & d'ire,
Li miens amis eft fils de Conte,
Doit bien avoir li vilains honte,
Qui requiert fille à Chaftelain.
» Ci le me foule, foule, foule,
» Ci le me foule le vilain.

Le vilain vous convient avoir,
Dift le pere par eftavoir, 20
Si arez à plenté monoie,
Çainture d'or & dras de foie;
Ainfi li peres li defpont;
Mes la pucele li refpont,
Quanques vous dites rien ne vaut,
» Ja n'ere au vilain donée,
» Se cuer ne me faut.

Cuer ne me faut encore mie,
Que ja à nul jor soie amie
A cel vilain por ses deniers,   30
S'il a du blé plain ses greniers,
Sa char de bacon crue & cuite,
Si la menjust, je li claim quite,
Je garderai mon pucelage.
» J'aim miex un chapelet de flors
» Que mauvés mariage.

Mauvés mariage feroie,
Pere, se le vilain prendoie,
Quar son avoir & sa richece,
D'avarisce le cuer li seche;   40
Mes mon cuer me dit & semont
Que toz li avoirs de cest mont
Ne vaut pas le déduit d'amer,
» Se je sui joliete nus ne m'en doit
    » blasmer,

Blasmer, bele fille, si fet,
Sachiez que li enfes qui fet
Contre le voloir de son pere,
Sovent avient qu'il le compere.
Pere je ferai vo voloir,
Mes trop me fet le cuer doloir   50
Ceste chançons, & me tormente,
„ Nus ne se marie qui ne s'en re-
   „ pente.

Repente, le vueil-je bien croire,
Presque la chançon soit voire,
Cil se repent qui se marie ;
Car je me sui ja repentie,
D'avoir mari ains que je l'aïe,
Li parlers tant fort m'en esmaie,
Que j'en ai tout le cuer mati.
„ J'aim miex morir pucele qu'avoir
   „ mauvés mari,   60
         Mauvés

Mauvés mari n'aurez-vous pas ;
Mes fiancer isnel le pas,
Dist li peres, le vous convient ;
Atant es li vilains qui vient,
Qui moult avoit le cors poli,
Au miex qu'il puet de cuer joli,
S'est escriez à haute alaine.
» L'avoirs done au vilain fille à Cha-
    » stelaine.

Chastelaine fu ja sa mere,
Chastelains est encor son pere,   70
Mes granz pouretez l'avirone,
Quar por l'avoir que je li done,
Ma-il doné la pucelete,
S'en doi bien dire chançonette,
Quar je n'ai pas le cuer dolant,
» Je prendrai l'oiselet tout en volant.

En volant l'oiselet prendroie,
Tant est li miens cuers plains de joie ;

Dist li vilains que ne puis dire,
Quant je sa grant biauté remire, 80
Lors cuide paradis avoir,
Qui por tele Dame done avoir,
Si m'aït Diex riens ne mesprent,
» Nule riens à bele Dame ne se prent.

Nule ne se prent à celi,
Dont li regart tant m'abeli,
Que son pere le m'a donée,
Rose qui est encolorée
Ne se prent pas à sa color,
Je ne sent ne mal ne dolor, 90
C'entant qu'il m'en sovient par m'ame,
» Diex com est douz li pensers qui
  » vient de ma Dame.

De ma Dame ai un douz penser,
Dont je ne puis mon cuer oster,
Adés i pens en regardant,
Si vair vell vont mon cuer ardant;

Ardant voir, ce est de joie.
Por son douz regart li otroie
Mon cuer, ne partir ne l'en vueil,
» En regardant m'on si vair œil,
» Donez les maus dont je me dueil. 100

Je me dueil se Diex me sequeure,
Quar je ne cuit ja veoir l'eure
Que j'aie de li mon solas,
Ha ! gentiz Prestres Nicholas,
Espousez-nous tost sans nul plet.
Dist le Prestres, ce fust ja fet,
Mes ne sai quels est l'espousée.
» Veez le la demandez li se m'amors li
» agrée.

Agréez-vous ceste novele,
Dist li Prestres à la pucele,   110
Que vous doiez prendre & avoir
Cel vilain là por son avoir ?

B ij

Ele respondi, biau dous sire,
Je n'ose mon pere desdire,
Mes je ne li porterai foi,
» Averai-je dont, lasse, mon mari
    » maugré moi.

Maugré moi voir je l'averai,
Mes ja foi ne li porterai,
Sires Prestres, bien le sachiez,
Il ne me chaut que vous faciez,   110
Dist li Prestres, je vous espouse,
En chantant s'escrie la touse,
De dolant cuer & esbahie
» Je n'ai pas amourette à mon voloir
    » si en sui mains jolie.

Mains jolie si en serai,
Ne james jor ne passerai,
Ne soie sole deplorer.
Diex! or i puet trop demorer,

Mes amis à moi reveoir,
Partens li porra mefcheoir,   130
Trop lonc tans oubliée m'a,
" S'il ne fe hafte mes amis perdue m'a.

Perdue m'a li miens amis,
Je croi que trop lonc tans a mis
A moi venir reconforter,
Quar li vilains m'en veut porter
Tout maintenant en fa contrée.
Douz amis, voftre demorée
Me fet de duel le cuer partir,
" Au departir d'amoretes doi-je bien
    " morir,   140

Morir doi-je bien par refon.
Atant esvous en la mefon
Son ami qui l'eft venus querre,
Du palefroi mift piet à terre,
Et s'en entra dedens la fale.
Cele qui ert & tainte & pale,

En chantant li prift à crier,
» Amis on m'i deftraint por vous, &
  » fi ne vous puis oublier.

Oublier ne vous puis-je mie,
Que je ne foie voftre amie,   150
Treftoz les jors que je vivrai,
Ne jamés jor ne vous faudrai
Tant com je ate au cors la vie,
Por le vilain crever d'envie,
Chanterai de cuer liement,
» Acolez-moi & befiez doucement,
  » quar li maus d'amer me tient
  » joliement.

Joliement me tient amis,
Li maus qui fi lonc tans a mis
Mon cuer por vous en grant deftrece,
Si com gelée la flor feche,   160
Mes li vilains adés feche;
Mes deformés fui raverdie,

Quant lez moi vous sent & acole,
» Mes cuers est si jolis por un poi qu'il
» ne s'envole.

Vole mes cuers, oïl de joie,
Or tost amis, c'on ne vous voie,
Si me montez sor vo cheval,
Se nos avions passé cel val,
Par tens seriens en vo païs.
Cil qui ne fu pas esbahis   170
La monte, & dist tele chançonette,
» Nus ne doit lez le bois aler sans sa
»   » compaignette.

Compaignete ne vous anuit,
Quar en cel lieu serons anuit,
Où li vilains n'aura poissance,
Alons souef, n'aiez doutance,
Je chanterai, s'il vous agrée,
J'ai bone amorete trovée,

Or viegne avant cil qui le claime,
» Ainsi doit aler fins cuers qui bien
» aime. 180

Qui bien aime, ainsi doit aler.
Atant ont veu avaler,
Le Chastelain sor son destrier;
Li vilains li fu à l'estrier,
Qui sovent son duel renovele,
Et quant a veu la pucele
Lez son ami, si li deprie.
» Por Dieu tolez-moi quanque j'ai,
» si me rendez m'amie.

M'amie me covient r'avoir,
Quar je donai moult grant avoir 190
Avant que l'eusse espousée.
Dont s'est la pucele escriée,
Se li dist un mot par contrere,
Vilains, force me le fist fere,

Si n'eſt pas droiz que vous m'aiez,
» Pis vous fet la jalouſie que li maus
   » que vous traiez.

Vous traiez mal & paine enſamble,
La rage vous tint ce me ſamble,
Quant vous à mon pere me donaſtes,
L'avoir de quoi vous m'achetaſtes, 100
Auſi com ſe fuiſſe une beſte,
Cranche les deux iex de la teſte
Vous menjuſt, & le cuer dedenz,
» Voſtre jalouſie eſt plus enragié que
   » li maus de dens.

Li maus des dens vous puiſt aerdre,
Ainçois que james me puiſt perdre
Cil qui me tient à ſon voloir,
Trop m'avez fet le cuer doloir,
Vilains, bien devez avoir honte.
Dont s'eſcria le fils au Conte, 210
          B v

Cui ceste parole abeli,
» Bele quar balez & je vos en pri, &
 » je vous ferai le virenli.

Le virenli vous convient fere,
Et li vilains comence à brere,
Quant la parole a entendue;
Mes riens ne vaut, il l'a perdue,
Cil est entrez dedens sa terre,
Si ami le venoient querre,
Qui tuit chantoient liement,
» Espinguez & balez liement, vous
 » qui par amor amez leaument.

Leaument vous venons aidier,
Adonc n'ot cure de plaidier,
Li vilains quant les a veus,
Fuiant s'en va toz esperdus,
Au Chastelain s'en vint arriere,
Se li a dist à basse chiere,

Fuions-nous-en, sauve la vie.
» La sainte Crois d'Outremer nous soit
» hui en aïe.

En aide nous puist hui estre
La sainte Crois au Roi celestre,   230
Dist cil qui vousist estre aillors;
Fuiant s'en va plus que le cors,
Quar de paor li cuers li tramble,
Toz ses parages i assamble,
Qui li ont dit sans demorer,
» Vilains lessiez vostre plorer, si vous
» prenez au laborer.

Au laborer me convient prendre,
Dist li vilains, sans plus attendre,
Et gaaignier novel avoir.
Bien sai que ne fis pas savoir,   240
Quant me pris à si haut parage,
Et si ai fet mon domage,

Ne m'en blasmez par saint Remi.
» Se j'ai fet ma foliete, nus n'en aura
   » pis de mi.

De mi ne cuit-je qu'il ait homme,
Qui soit manans de si à Rome
A cui il soit pis avenu ;
Mais encor m'a Diex secoru,
Quant revenu fui en meson   250
Les vers que j'ai tant violé.
» J'ai ové li ni de pie,
» Mais li piot n'i sont mie,
» Il s'en sont trestuit volé.

Volé en sont tuit li piot ;
C'est-à-dire que tel i ot ,
Mien escient qui les emporte.
Ainsi se plaint & desconforte
Li vilains, or m'en partirai.
De la pucele vous dirai   260

Qui chantoit de cuer liement,
» Jolietement m'envois, jolietement.

Jolietement m'i demaine,
Bone amor qui n'est pas vilaine,
Qui du vilain m'a délivrée :
Or sui venue en la contrée,
Dont mes amis m'a fet douaire,
S'en doi bien par droit chançon faire,
Quar j'ai toz mes maus trespassez.
» J'ai amoretes à mon gré, s'en sui
    » plus joliete assez.   175

Assez en sui plus joliete,
Au descendre la pucelete
Ot assez Dames & puceles,
Qui chantoient chançons noveles,
Et quant ce vint au congié prendre,
La pucele sans plus atendre,
Les avoit à Dieu comandées,
» Agironées depart amors agironées.

Agironées ai mon voloir,
Li vilains s'en puet bien doloir, 180
L'escuiers devant la pucele,
Qui tant estoit cortoise & bele,
Dist, j'ai en biau lieu mon cuer mis,
* . . . .
Ne sera que ne face joie,
J'ai amiete sadete blondete
Tele com je voloie.

Explicit la Chastelaine de Saint Gille.

* Il manque un vers dans le manuscrit.

DE SIRE HAIN ET DE DAME ANIEUSE.

Hues Piaucele qui trova
Cest fabel par reson prova,
Que cil qui a fame rubeste,
Est garnis de mauvese beste,
Si le prueve par cest reclaim,
D'Anieuse & de sire Hain.
Sire Hains savoit bon mestier,
Quar il savoit bien rafaitier
Les coteles & les mantiaus,
Toz jors erent à chavestriaus
Entre lui & Dame Anieuse,
Qui n'estoit pas trop volenteuse
De lui servir à son voloir;
Quar quant li preudom veut avoir

Porée, se li fesoit pois,
Et si estoit tout seur son pois,
Et quant il voloit pois mengier,
Se li fesoit por engaigner,
Un poi de porée mal cuite.
Anieuse ert de mal porcuite
Vers son seignor quanqu'ele pot,
Quar quant il voloit char en pot,
Dont li fesoit-ele rostir,
Et toute en la cendre honir,
Por ce qu'il n'en peust gouster.
Se vous me volez escouter,
Je vous dirai bon helemot,
Riens ne vaut se chascuns ne m'ot,
Quar cil pert moult bien l'auleluie,
Qui par un noiseus le desluie,
C'est por noient, n'i faudra mie.
Sire Hains a dit, douce amie,
Alez me achater du poisson,
Vous en aurez à grant foison.

Dist Anieuse, par saint Cire,
Mes or me dites biau sire,
Se vous le volez de eue douce,
Et cil qui volentiers l'adouce,
Li a dit, mesde mer amie.
Anieuse ne tarda mie,   40
Qui moult fu plaine de mal art,
Au pont vient, si trueve Guillart,
Qui estoit ses cousins germains;
Guillart, dist-ele, c'est du mains,
Je vueil avoir des epinoches,
Mon mari, qui de males broches,
Ait crevez les iex de la teste,
Demande poisson à areste,
Et cil qui fu de male part,
Li a tornées d'une part,   50
Se li a mis en son platel,
Puis les cuevre de son mantel,
En sa meson en vint tout droit.
Sire Hains quant venir la voit,

Li a dit bien veigniez vous, Dame,
Foi que vous devez Notre-Dame,
Eſt-ce raie, ou chien de mer ?
L'en faut moult bien à ſon eſmer,
Fet Anieuſe, ſire Hain,
Volez-vous lier voſtre eſtrain,   60
Qui me demandez tele viande ?
Moult eſt ore fols qui demande
Choſe que l'en ne puet avoir :
Vous ſavez bien treſtout de voir
Qu'il a anuit touſe nuit plut,
Toz li poiſſons de la hors put.
Put ! fet ſire Hains, Dieu merci,
J'en vi ore porter par ci
De ſi bons dedens un panier.
Vous en porrez ja tant pledier,   70
Fet cele qui le het de cuer,
Que je geterai ja tout puer,
Dehait qui le dit s'il nel fet.
Les eſpinoches tout à fet

A femées aval la cort.
Diex! fet Hains, com tu me tiens cort,
A paine os-je dire mot,
Grant honte ai quant mon voifin m'ot,
Que tu me maines fi vivement.
Ba! fi en prenez vengement, 80
Fet-ele, fi vous l'ofez fere.
Tai-toi fame de pute afere,
Fet fire Hains, lai moi efter;
Ne fuft por ma chofe hafter,
Por aler au marchié demain,
Tu le comperaifses aparmain.
Comperaifse, fet Anieufe,
Par mon chief je vous en di beufe,
Quant vos volez fi comenciez.
Sire Hains fu moult courouciez, 90
Un petitelet fe porpenfe,
Après a dit ce que il penfe,
Quant fu apoiez for fon coute,
Anieufe, fet-il, ç'a coute,

Il m'est avis, & si me samble
Que ja ne serons bien ensamble,
Se nous ne tornons à un chief.
Or dites donc derechief,
Fet-ele, se vous l'osez fere,
A quel chief vous en volez trere. 100
Oïl, fet-il, bien l'ose dire,
Le matinet sans contredire,
Voudrai mes braies deschaucier,
Et enmi nostre cort couchier,
Et qui conquerre les porra,
Par bone reson moustera
Qu'il ert, sire & dame du nostre.
Je l'otroi bien, par saint Apostre,
Fet Anieuse de bon cuer,
Et se je les braies conquer; 110
Cui en trerai à tesmoignage?
Nous prendrons en nostre visnage
Un home que nous miex amon.
Je l'otroi bien, prenons Symon,

Et ma comere dame Aupais,
Que qu'il aviegne de la pais,
Cil dui garderont bien au droit.
Hucherai-je les or en droit ?
Diex ! fet Hains, com tu es haftiue;
Or cuides bien que ja foit tiue,   120
La baillie de no mefon;
Ainz auras de moult fort poifon
Beu, foi que dol faint Climent,
Moult va prefque je ne coment.
Comencier, fet dame Anieufe,
Je fui affez plus covoiteufe
Que vous n'eftes del comencier.
Or n'i a fors que del huchier
Nos voifins, certes ce n'a mon ?
Sire Simon, fire Simon,   130
Quar venez avant biaù compere,
Et fi amenez ma comere,
S'orrez ce que nous voulons dire,
Je l'otroi bien fans contredire,

Fet Symons debonerement.
Adonc s'en vindrent esraument,
Si s'affieent l'un delez l'autre.
Sire Hains l'un mot après l'autre,
Lor a cohtée la reson,
Et descouverte l'achoifon, 140
Porqoi la bataille doit eftre.
Ha ! fet Simon, ce ne puet eftre
Que vous ainfi vous combatez.
Anieufe dift, efcoutez,
Li plais eft pris en tele maniere,
Que nus n'en puet aler ariere,
Foi que doi au baron faint Leu,
Je vueil que foiez en no leu,
Si ferons que fere devons,
Dont primes a parlé Simons, 150
Je ne vos porroies achoifier,
Ne acorder, ne apefier,
Ains aurez efprové vos forces,
Or gardez bien que tu ne porces

Anieuſe, ſe ton poing non.
Sire Hain je vous di par non,
Gardez bien que vous ne porciez
Nule choſe dont vous faciez
Vo fame mal, fors de vos mains.
Sire, ſi m'aït ſaint Germains,   160
Fet ſire Hains, non ferai gié;
Mes or nous donez le congié
De no meſlée comencier,
Il n'y a fors del deſchaucier
Les braies dont la noiſe monte.
Que vous feroie plus lonc conte.
Les braies furent deſchaucies,
Et ens enmi la cort lancies,
Chaſcuns s'apreſta de combatre;
Ja lor verra lor os debatre,   170
Sire Simons qui le parc garde,
Ains que Hains s'en fuſt donez garde,
Lé fiert Anieuſe à plains bras.
Vilains, diſt-éle, je te haz;

Or me garde cesté alemite.
Ah ! dist Hains, tres orde traïtre,
M'es tu ja venue ferir ;
Je ne porroie plus souffrir,
Puisque tu m'as avant requis ;
Mes si m'aït Sainz Esperiz,   180
Je te ferai male nuit trere.
Par bieu je ne vous doute guere,
Fet cele par vostre manace,
Puisque nous somes en la place,
Face chascuns du pis qu'il puet.
A cest mot sire Hains s'esmuet,
D'ire & de mautalent espris,
La cort fu granz & li porpris,
Bien s'i pooit l'en retorner ;
Et quant cele vit atorner   190
Son baron por li domagier,
Onques ne se vout esmaier ;
Ainz li cort sus à plain eslais,
Huimes devendra le jeus lais,

Quar

Quar sire Hains sa fame ataint,
Si grant cop que trestout li taint
Le cuir, sor le sorcil en pers.
Anieuse, dist-il, tu pers,
Or t'ai ta colée rendue.
Cele ne fu mie esperdue,   205
Ainz li cort sus isnelement,
Se li done hastivement
Un cop par desus le sorcil,
Qu'a poi que delez un bercil,
Ne l'abatit trestout envers,
Trop vous estiez descouvers,
Fet Anieuse, ceste part,
Puis a esgardé d'autre part,
S'a veu les braies gesir,
Hastivement les cort sesir,   215
Si les lieve par la braioel,
Et li vilains par le tulel,
Les empoigne par moult grant ire,
Li uns sache li autre tire,

Tome III.   C

La toile defront & defplece,
Par la cort en gift maint piece,
Par vive force jus les metent,
A la meflée fe remettent.
Hains fiert fa fame enmi les dens
Tel cop, que la bouche dedens 210
Li a toute emplie de fanc ;
Tien ore, dift fire Hains, anc,
Je cuit que je t'ai bien atainte ;
Or t'ai-je de deux colors tainte.
J'aurai les braies toutes voies.
Dift Anieufe ; ains que tu voies
Le jor de demain au matin ;
Chanteras-tu d'autre Matin,
Que je ne pris deux mellenz,
Fils à putain, vilainz pullens, 230
Me cuides-tu avoir forprife.
A ceft mot de grant Ire efprife,
Le fiert Anieufe efraument,
Li cops vint par grant mautalent;

Que dame Anieuſe geta,
Delez l'oreille l'acoſta,
Que toute ſa force i emploie,
A ſire Hains l'eſchine ploie,
Quar del grant cop moult ſe detort,
Vilains, diſt-ele, tu as tort,
Qui ne me lais les braies prendre.
Fet ſire Hains, or puis aprendre
Que tu m'eſpargnes noient;
Mes ſe par tens ne le te rent,
Sire Hains dont li faille Diex,
Or croiſt à double tes granz Diex,
Quar je te tuerai ancui.
Anieuſe reſpondi, oui,
Tuerez vous, ſire vilains;
Se je vous puet tenir aus mains,
Je vous ferai en mon Dieu croire,
Vous ne me verrez ja recroire,
Ains mortas ainçois que m'eſchapes;
Tien or ainçois ces deux ſoupapes.

Fet fire Hains, ainz que je muire,
Je le te metrai moult bien cuire,
Se j'en puis venir au defus.
A ceft mot fe recore fus,
Si s'entredonent moult grant caus,
Sire Hains fu haftis & chaus,   260
Qui de ferir moult fe coitoit,
N'en pot mais quar moult fe haftoit.
Anieufe qui pas nel doute,
De deux poins fi forment le boute,
Que fire Hains va chancellant.
Que vous iroi-je contant,
Tout furent fanglent lor drapel,
Quar maint cop & maint hatipel
Se font donné por grant aïr,
Anieufe le cort fefir,   270
Qui n'eft pas petites ne manche,
Sire Hains autour de la hanche
L'abat fi durement fus cofte,
Qu'à poi ne li brife une cofte.

Cele chofe forment li grieve;
Mes Anieufe fe releve,
Un petit s'eft ariere traite,
Aupais le voit, fi fe deshaite,
Qui le parc garde o fon baron :
Ha ! por Dieu, fet-ele, Symon ; 280
Quar parlons ore de la pes,
Ce dift Symon, lai-moi en pes,
*.... trait or, faint Bertremiex
..... s'Anieufe en fuft au miex
Que tu m'en priaiffes auffi ;
Non feiffe par faint Forfi,
Tu ne m'en priaiffes à piece :
Or atent encore une piece,
Tant que li uns le pis en ait,
Autrement n'auroit-il ja fait, 290
Soffrir te convient fe tu veus.
Cil refurent ja percheus,

---

* Le Manufcrit eft déchiré en cet endroit.

Qui erent en moult grant deftrefce,
Hains tient fa fame par la trece,
Et cele qui de duel efprent,
Son baron par les cheveux prent,
Si le fache que tout l'embronche,
Aupais le voit en haut s'esfronche
Por enhardir dame Anieufe.
Quant Symon a choifi s'efpeufe, 300
Et l'efme qu'ele li a fete,
Aupais, dift-il, tu es meffete,
A poi que ferir ne te vois,
Se tu fez plus oïr ta vois,
Des que li uns en foit au miex,
Tu le comperras par mes iex,
Cele fe tut qui le cremi.
Tant ont feru & efcremi
Cil qui fe combattent enfamble,
Que li contes dift, ce me famble, 310
Qu'Anieufe le pis en ot ;
Quar fire Hains à force l'ot

Reculée encontre une treille,
En coste avoit une corbeille,
Anieufe i cheï arriere,
Quar à fes talons par derriere,
Eftoit, fi ne s'en donoit garde,
Et quant fire Hains la refgarde,
S'en a un poi ris de mal cuer;
Anieufe, fet-il, ma fuer, 320
Tu es el paradis Bertran,
Or pues tu chanter de Triftan,
Ou de plus longue, fe tu fez;
Se je fuffe autre fi verfez,
Tu me teniffes ja moult cort.
Atant vers les braies s'en cort,
Si les prift, & fi les chauça;
Vers fa fame fe radreça,
Qui en la corbeille ert verfée,
Malement l'euft confeffée, 330
Ne fuft Symons qui li efcrie,
Fui toi mufart, n'en tue mie,

Ciiij

Bien voi que tu es au deſſus.
Anieuſe veus en tu plus,
Fet Symons qui la va gabant,
Bien a abatu ton beubant,
Sire Hains par ceſte meſlée.
Seras tu mes ſi emparlée,
Come tu as eſté juſqu'à ore?
Sire, foi que doi ſaint Grigoire, 340
Fet cele ne fuſſe hui laſſée,
Se je ne fuſſe ci verſée;
Mes or vous proi par amiſtez,
Biau ſire, que vous m'en getez.
Fet Symons ains qu'iſſes iſſi,
Fianceras or endroit ci,
Que tu james ne meſferas,
Et que en la merci feras,
Sire Hains à toz les jors mes,
Et que tu ne feras james 350
Choſe nule qu'il te deffenge,
Ba! Deable, & s'il me ledange,

Fet Anieufe, ne cort feure,
Et bien j'en puis venir à defeure;
Ne me deffendrai-je mie ?
Efcoute, de cefte anemie,
Fet Symons, qu'elle a refpondu;
Aupais en as-tu entendu ?
Oïl voir, fire, bien l'entent.
Anieufe, je te blaftent   360
Que tu refpons fi fetement,
Quar tu vois bien apertement,
Que tu ne pues plus maintenant,
Si te convient d'ore en avant
Fere del tout à fon plefir,
Quar de ci ne pues tu iffir
Se par fon comandement non.
Anieufe refpondi non,
Confeilliez-moi que je ferai.
Par foi, dit Aupais, non ferai,   370
Que tu ne m'en croiroies mie.
Si ferai, bele douce amie,

C v

Je m'en tendrai à voſtre eſgart,
Or t'eſtuet-il, ſe Diex me gart,
Or endroit fiancer ta foi,
Je ne ſai ſe ce ert en foi,
Mes toutes voies le feras,
Que tu ton Baron ſerviras
Si come preude fame doit fere,
Ne jamés por nul mal afere 380
Ne te dreceras contre lui.
Anieuſe diſt ſans delui,
Par foi, le vueil bien creanter,
Por que je m'en puiſſe garder,
Ainſi en vueil fere l'otroi.
A ceſt mot en riſent tuit troi,
Sire Hains, Symons & Aupais.
Toutes voies firent la pais,
De la corbeille la geterent,
Et en meſon la ramenerent; 390
Moult ſouvent s'eſt clamée laſſe.
Mais Diex i miſt tant de ſa grace,

Que puis cele nuit en avant,
Onques ne s'ala percevant,
Sire Hains qu'ele ne li feïst
Trestout ce qu'il li requeïst
De lui servir s'avolohtoit,
Et por ce que les cops doutoit,
Nel desdisoit de nule chose.
Si vous di bien à la parclose   400
En fu à sire Haim moult bel.
Ainz que je aie cest fabel
Fine, vous di je bien en foi,
Se vos fames mainent buffoi,
Deseur vous nul jor par mal art,
Que ne soiez pas si musart
Que vous le souffrez longuement;
Mes fetes ausi fetement
Come Hains fist de sa moillier,
Qui ainc ne le vout adaingnier,   410
Fors tout le mains que ele pot,
Dusques atant que il li ot

C vj

60 FABLIAUX

Batu & les os & l'eschine,
Tout issi cis fabliaus fine.

Explicit de sire Hains & de Dame Anieuse.

ESTULA.

IL estoient jadis dui frere,
Sans conseil de pere & de mere,
Et tout sans autre compaignie,
Pouretez su bien lor amie,
Quar souvent su en lor compaingne;
Et c'est la riens qui plus mehaingne
Cels entor qui ele se tient,
Nus si grans malages ne tient.
Ensamble manoient andoi
Li frere, dont dire vous doi,   10
Une nuit furent moult destroit
De soif, & de faim & de froit;

Chafcuns de ces maus souvent tient
A cels qui povretez maintient.
Un jor se pristrent à pensser
Coment se porroient tenser
Vers povreté qui les apresse,
Souvent lor fet sentir mesese.
Uns moult renomez riches hon
Manoit moult prés de lor meson, 20
Cil sont povres, li riches sols,
En son cortil avoit des chols,
Et en l'estable des brebis,
Andui se sont cele part mis.
Povretez fait maint homme sol:
Li uns prent un sac à son col,
L'autres un coutel en sa main,
Ambedui se sont mis au plain,
L'uns entre au cortil maintenant,
Puis ne vait queres atardant. 30
Des chols trencha par le cortil:
L'autre se trait vers le bercil.

Pour l'ujs ouvrir, tant fet qu'il l'uevre,
Avis lui eſt que bien va l'uevre,
Taſtant vait le plus cras mouton.
Mais adonc encor ſeoit-on
En l'oſtel, ſi c'on treſoï
L'uis du bercil, quant il l'ouvri.
Li preudom apela ſon fil,
Va voir, diſt-il, el cortil 40
Que il n'i ait rien; ſe bien non,
Apele le chien de meſon :
Eſtula avoit non li Chiens;
Mes de tant lor avint-il biens,
Que la nuit n'ert mie en la cort,
Et li valles prenoit eſcout,
L'uis devers la court ouvert a,
Et crie, Eſtula, Eſtula.
Et cil du bercuel reſpondi,
Oïl voirement ſui je ci. 50
Il feſoit moult obſcur & noir,
Si qu'il nel pot apercevoir

Celui qui fi refpondu a :
En fon cuer bien por voir cuida
Que li Chiens euft refpondu.
N'i a puis gueres atendu,
En la mefon droit s'en revint,
Grant paor ot quant il i vint.
Qu'as-tu, biau fils, ce dift li pere?
Sire, foi que je doi ma mere, 60
Eftula parla or à moi.
Qui, noftre chien ? voire par foi,
Et fe croire ne m'en volez,
Huchiez le errant parler l'orrez.
Li preudons maintenant s'en cort
Por la merveille, entre en la cort,
Et hucha Eftula, fon chien.
Et cil qui ne s'en gardoit rien,
Li dift voirement fui je ça.
Li preudom grant merveille en a. 70
Par toz fains & par totes faintes,
Fils j'ai oï merveilles maintes,

Onques mes n'oï lor pareilles,
Va toſt, ſi conte ces merveilles
Au Preſtre, ſi l'amaine o toi,
Et li di qu'il aporte o ſoi
L'eſtole & l'eve beneoite.
Cil au pluſtoſt qu'il puet s'eſploite
Tant, qu'il vint en l'oſtel au Preſtre.
Ne demoura gueres en l'eſtre, 80.
Vint au Provoire iſnelement,
Sire, diſt-il, venez vous ent
En meſon oïr granz merveilles,
Onques n'oïſtes lor pareilles,
Prenez l'eſtole à voſtre col.
Diſt le Preſtre tu es tout fol,
Qui or me veus la fors mener,
Nus piez ſui, n'i porroie aler.
Et cil li reſpont ſans delai,
Si ferez, je vous porterai. 90
Li Preſtres a priſe l'eſtole,
Si monte ſans plus de parole

Au col celui, & il s'en va
La voie, fi côme il vint là,
Qu'il voloit aler plus briefment
Par le fentier tout droit defcent,
Là où cil defcendu eftoient,
Qui lor viande porchaçoient,
Cil qui les chols aloit coillant,
Le Provoire vit blanchoiant,   100
Cuida que ce fuft fon compaing
Qui aportaft aucun gaaing,
Se li demanda par grant joie,
Aportes-tu riens ? Par foi oie,
Fait cil qui cuida que ce fuft
Son pere qui parlé euft.
Or toft, dift-il, gete le jus,
Mes coutiaus eft bien efmolus,
Je le fis ier moudre à la forge,
Ja aura coupée la gorge.   110
Et quant li Preftres l'entendi,
Bien cuida c'on l'euft trahi,

Du col celui eſt jus ſaillis,
Si s'enfuit treſtoz eſmaris,
Mes ſon ſoupelis ahocha
A un pel, ſi qu'il remeſt là,
Qu'il n'y oſa pas tant eſter,
Qu'il le peuſt du pel oſter.
Et cil qui les chols ot coillis
Ne fu mie mains esbahis 110
Que cil qui por lui s'enfuioit,
Si ne ſavoit que il avoit;
Et ne pourquant ſi va-il prendre
Le blanc qu'il vit au pel prendre;
Si ſent que c'eſt un ſoupelis,
Atant ſes freres eſt ſaillis
Du bercil atout un mouton,
Si apela ſon compaignon,
Qui ſon ſac avoit plains de chols,
Bien ont andui carchié les cols, 130
Ne voudrent plus lonc conte fere,
Andui ſe ſont mis el repere

ET CONTES. 67

Vers lor oftel qui lor fu preft.
Lors a cil monftré fon conqueft
Qu'ot gaaignié le foupelis ;
Si ont affez gabé & ris,
Que li rires lor fu rendus,
Qui devant lor fu deffendus.
En petit d'eure Diex labeure,
Tels rit au main qui le foir pleure, 140
Et tels eft au foir courouciez,
Qui au main eft joians & liez.

Explicit d'Eftula.

DES TROIS AVUGLES
DE COMPIENGNE.

Par CORTEBARBE.

UNE matiere ci dirai
D'un fabel que vous conterai,
On tient le meneftrel à fage,
Qui met en trouver fon ufage
De fere biaus dis & biaus contes
C'on dit devant dus, devant contes.
Fabel font bons à efcouter,
Maint duel maint mal font mefconter
Et maint anui & maint meffet.
CORTEBARBE a ceft fabel fet,　　10
Si croi bien qu'encor l'en foviegne.
Il avint ja defors Compiegne

Trois avugles un chemin aloient
Entre eus, nis un garçon n'avoient
Qui les menast ne conduisist,
Ne le chemin lor apresist,
Chascun avoit son hanepel,
Moult povre estoient lor drapel,
Quar vestu furent pourement,
Tout le chemin si fetement   20
S'en aloient devers Senlis.
Uns Clers qui venoit de Paris
Qui bien & mal assez savoit,
Escuier & sommier avoit,
Et bel palefroi chevauchant,
Les avugles vint aprochant,
Quar grant ambleure venoit,
Si vit que nus ne les menoit,
Si pense que aucuns n'en voie
Coment alaissent-il la voie.   30
Puis dist, el cors me fiere goute,
Se je ne sai s'il voient goute.

Li awgle venir l'oïrent,
Esraument d'une part se tindrent,
Si s'escrient, fetes-nous bien,
Povre somes sor toute rien,
Cil est moult povres qui ne voit,
Li Clers esraument se porvoit,
Qui les veut aler salordant,
Vez ici, fet-il, un besant,   40
Que je vous doné entre vous trois.
Diex vous le mire & sainte Croiz,
Fet chascuns, ci n'a pas don lait,
Chascuns cuide ses compains l'ait.
Li Clers maintenant s'en départ,
Puis dist qu'il veut vir lor départ,
Esraument à pié descendi,
Si escouta & entendi
Coment li awgles disoient,
Et coment entreus devisoient.   50
Li plus mestres des trois a dit,
Ne nous a or mie escondit

Qui à nour cest besant dona,
En un besant moult biau don a.
Savez, fet-il, que nous ferons,
Vers Compiegne retournerons,
Grant tens a ne fumes aaise,
Or est bien drois que chascuns s'aise.
Compiegne est de toz biens plentive.
Com ci a parole soutive,   60
Chascun des autres li respont,
C'or eussons nous passé le pont.
Vers Compiegne sont .etorné,
Ainsi come il sont atorné,
Moult furent lié, baut & joiant.
Li Clers les va ades sivant,
Et dist que ades les sivra,
De si adonc que il saura
Lor fin. Dedens la vile entrerent,
Si oïrent & escouterent   70
C'on crioit parmi le chastel,
Ci a bon vin frés & novel,

Ca d'Aucoire, ca de Soissons,
Pain & char, & vin & poissons,
Ceens set bon despendre argent ;
Ostel i a à toute gent,
Ceens set moult bon herberger.
Cele part vont tout sans danger ;
Si s'en entrent en la meson ;
Li borgois ont mis à reson, 80
Entendez ça à nous ; font-il,
Ne nous tenez mie por vil,
Se nous somes si povrement,
Estre volons priveement,
Miex vous paieront que plus cointes ;
Ce li ont dit, & li acointe,
Quar nous volons assez avoir.
L'ostes pense qu'il dient voir,
Si fetes gent ont deniers grans,
D'aus aaisier fu moult engrans 90.
En la haute loge les maine :
Seignor, fet-il, une semaine

Porriez

Porriez ci eſtre bien & bel,
En la vile n'a bon morſel
Que vous n'aiez ſi vos volez.
Sire, font-il, or toſt alez,
Si nous fetes aſſez venir.
Or m'en leſſiez dont convenir,
Fet li borgois, puis ſi s'entorne,
De cinq més pleniers lor atorne 100
Pain, & char, paſtez & chapons,
Et vins, mes que ce fu des bons;
Puis ſi lor fiſt la ſus tramettre,
Et fiſt del charbon el feu metre,
Aſſis ſe ſont à haute table.
Li valles au Clers en l'eſtable
Tret ſes chevaus, l'oſtel a pris,
Li Clers qui moult ert bien apris,
Et bien veſtus & cointement,
Avoec l'oſte moult hautement 110
Siſt au mengier la matinée,
Et puis au ſouper la veſprée,

Et li avugle du folier
Furent fervi come chevalier,
Chafcun grant paticle menoit,
L'uns à l'autre le vin donnoit,
Tien je t'en doing, aprés m'en donc,
Cis crut for une vingne bone,
Ne cuidiez pas qu'il lor anuit,
Ainfi jufqu'à la mienuit 120
Furent en folas fans dangier;
Li lit font fet, fi vont couchier
Jufqu'au demain qu'il fu bele eure,
Et li Clers tout ades demeure,
Por ce qu'il veut favoir lor fin.
Et l'oftes fu levez matin,
Et fon vallés, puis fi conterent
Combien char & poiffon coufterent,
Dift li vallés en vérité,
Il pains, li vins & li pafté 130
Ont bien coufté plus de dix faus,
Tant ont-il bien eu entre aus.

Li Clers en a cinq fols pour lui,
De lui ne puis avoir anui,
Va la fus, fi me fai paier.
Et li vallés fans delaier
Vint aus avugles, fi lor dift
Que chafcun errant fe veftit,
Ses fires veut eftre paiez.
Font-il, or ne vous efmaiez, 140
Quar moult tres bien li paierons,
Savez, font-il, que nous avons ?
Oïl, dift-il, dix fols devez,
Bien le vaut, chafcuns s'eft levez,
Tuit troi font aval defcendu.
Li Clers a tout ce entendu,
Qui fe chauçoit devant fon lit.
Li troi avugles à l'ofte ont dit,
Sire nous avons un befant,
Je croi qu'il eft moult pefant, 150
Quar nous en rendez le forplus,
Ainçois que du voftre aions plus.

Volentiers li ostes respont,
Fait li uns, quar li baille dont,
Liquels l'a ? be ! je n'en ai mie,
Dont la Robers barbe florié,
Non ai, mes vous l'avez bien fai.
Par le cuer bieu mie n'en ai,
Liquels l'a dont ? tu l'as, mes tu,
Fetes ou vous serez batu,   160
Dist li ostes seignor truant,
Et mis en longaingne puant
Ainçois que vous partez de ci.
Il li crient por Dieu merci.
Sire moult bien vous paierons.
Donc recomence lor tençons.
Robers fet li uns quar li donez
Le besant devant nous menez,
Vous le reçustes primerains ;
Mes vous qui venez daarains   170
Li bailliez, quar je n'en ai point,
Or sui je bien venus à point,

Fet li oftes, quant on me truffe,
L'un va donner une grant buffe,
Puis fait aporter deux lingnas.
Li Clers qui fu à biaus harnas,
Qui le conte forment amoit,
De ris en aife fe pafmoit.
Quant il vit le ledengement,
A l'ofte vint ifnelement, 180
Se li demande qu'il avoit,
Quele chofe fes gens demandoit,
Fet l'oftes, du mien ont eu
Dix fols c'ont mangié & beu,
Si ne m'en font fors efcharnir;
Mais de ce les vueil b'en garnir,
Chafcun aura de fon cors honte.
Ainçois metez-le for mon conte,
Fet li Clers, quinze fols vous doi,
Mal fet povre gent fere anoi. 190
L'ofte refpont moult volentiers,
Vaillans Clers eftes & entiers.

D iij

Li awgle s'en vont tout cuite,
Or oiez come fete refuite,
Li Clers porpenfa maintenant;
On aloit la meffe fonant,
A l'ofte vint, fi l'arefone.
Oftes, fet-il, voftre perfonne
Du mouftier dont ne coniffiez ?
Ces quinze fols bien li croiriez, 200
Se por moi les vos voloit rendre :
De ce ne fui mie à aprendre,
Fet li borgois, par faint Silveftre,
Que je croiroie noftre Preftre,
S'il voloit plus de trente livres.
Dont dites j'en foies delivre,
Efraument com je revendrai,
Au mouftier paier vous ferai,
L'ofte le comande efraument,
Et li Clers enfi fetement 210
Dift fon garçon qu'il atornaft,
Son palefroi & qu'il trouffaft,

Que tout soit preſt quant il reviegne,
A l'oſte a dit que il s'enviegne.
Anbedui el mouſtier en vont,
Dedens le chancel entré ſont,
Li Clers qui les quinze ſols doit,
A pris ſon oſte par le doit,
Si l'a fet delez lui aſſir.
Puis diſt je n'ai mie loiſir   220
De demorer duſqu'aprés meſſe,
Avoir vos ferai vo promeſſe,
Je l'irai dire qu'il vous pait,
Quinze ſols treſtout entreſait,
Tantoſt que il aura chanté.
Fetes-en voſtre volenté,
Fet li borgois, qui bien le croit.
Li Preſtres reveſtus eſtoit,
Qui maintenant devoit chanter.
Li Clers vint devant lui eſter,   230
Qui bien ſot dire ſa reſon,
Bien ſenbloit eſtre gentiz hon,

N'avoit pas la chiere reborſe,
Douze deniers tret de ſa borſe,
Le Preſtre les met en la main,
Sire, fet-il, por ſaint Germain,
Entendez la un poi à mi.
Tuit li Clers doivent eſtre ami,
Por ce vieng je pres de l'autel,
Je gut anui à un oſtel   240
Chiez un borgois qui moult vaut,
Li douz Jheſu Criz le conſaut,
Quar preudom eſt & ſans boiſdie,
Mes une curel maladie
Li priſt er ſoir dedens ſa teſte,
Entrues que nous demenlens feſte,
Si qu'il fu treſtous marvoiez,
Dieu merci or eſt ravolez,
Mes encor li deut li chiez,
Si vous pri que vous li liſiez,   250
Aprés chanter un Evangile
Deſus ſon chief. Et par ſaint Gille,

Fet li Preſtres, je li lirai.
Au borgois diſt, je le ferai,
Tantoſt come j'aurai meſſe dite,
Dont en claime je le clers cuite,
Fet li borgois, miex ne demant.
Sire Preſtre à Dieu vous comant,
Fi li clers, adieu biau douz meſtre,
Li Preſtres à l'autel va eſtre, 260
Hautement grant meſſe comence,
Par un jor fu de Diemenche,
Au mouſtier vindrent moult de gens,
Li clers qui fu & biaus & gens,
Vint à fon oſte congié prendre,
Et li borgois fans plus attendre,
Dufqu'à fon oſtel le convoie,
Li clers monte, fi va fa voie,
Et li borgois tantoſt aprés
Vint au mouſtier, moult fu engrés 270
De fes quinze fols recevoir,
Avoir les cuide tout pour voir,

Ens el chancel tant atendi,
Que li Prestres se devesti,
Et que la messe fu chantée.
Et li Prestres sans demorée
A pris le livre & puis l'estole,
Si a huchié sire Nichole,
Venez avant, agenoillez.
De ces paroles n'est pas liez   180
Li borgois, ains li respondi,
Je ne ving mie por ceci,
Mes mes quinze sols me paiez.
Voirement est-il marvoiez,
Dist li Prestres, nomini Dame,
Aidiez à cest preudome a l'ame,
Je sai de voir qu'il est dervez.
Oez, dist li borgois, oez,
Com cis Prestres or m'escharnist,
Por poi que mes cuers du sens n'ist,
Quant son livres m'a ci tramis.   291
Je vous dirai biaus dous amis,

Fet li Preſtres, coment qu'il praigne,
Tout ades de Dieu vous ſouviegne,
Si ne poez avoir mes chief;
Le livres li miſt ſor le chief,
L'Evangile li voloit dire.
Et li borgois comence à dire,
J'ai en meſon beſoingne à ſere,
Jé n'ai cure de tel afere, 300
Mais paiez-moi toſt ma monoie.
Au Preſtre durement anoie,
Tos ſes paroſchiens apele,
Chaſcuns entor li s'atropele;
Puis diſt, ceſt home me tenez,
Bien ſai de voir qu'il eſt dervez,
Non ſui, fet-il, par ſaint Cornille,
Ne par la foi que doi ma fille,
Mes quinze ſols me paierez,
Ja ainſi ne me gaberez : 310
Prenez-le toſt, le Preſtre a dit.
Li paroſchiens ſans contredit

D vj

Le vont tantoſt moult fort prenant,
Les mains li vont treſtuit tenant,
Chaſcuns moult bel le reconforte,
Et li Preſtres le livre aporte,
Se li a mis deſeur ſon chief,
L'Evangile de chief en chief
Li lut, l'eſtole entor le col;
Mes à tort le tenoit por ſol,   320
Puis l'eſproha d'eue benoite:
Et li borgois forment covoite
Qu'à ſon oſtel fu revenus.
L'eſſiez fu, ne fu plus tenus,
Li Preſtres de ſa main le ſaine,
Puis diſt avez eſté en paine.
Et li borgois s'eſt toz cois teus,
Courouciez eſt & moult honteus,
De ce qu'il fu ſi atrapez,
Liez fu quant il fu eſchapez;   330
A ſon oſtel en vint tout droit.
CORTEBARBE diſt orendroit

C'on fet à tort maint home honte.
Atant desinerai mon conte.

Explicit des trois Awugles de Compiengne.

LE CHEVALIER QUI FAISOIT
PARLER LES *** ET LES ***.

Par GARIN.

DE fables fait-on les fabliax,
Et de notes les chans noviax,
Et de matiere les chançons,
Et de drap chauces & chauçons.
Ce Bachelier dont je vous conte,
S'il fu fix de Roi ou de Conte,
Si estoit-il assés puissans,
Prox & hardis & combatans,

Il avoit merveillous eur,
De ce foiez tous affeur, 10
Que il faifoit les *** parler
Quant il les vouloit apeler,
Nes le cul qui eft en la pel
Li refpondoit à fon apel :
Icel eur li fu donez
Au tiers an qu'il fu adoubez.

Je vos dirai coment s'avint.
Li Chevalier povres devint,
Il n'avoit ne vignes ne terres,
En tornoiemens & en guerres 20
Iert treftoute fon atendance,
Il favoit bien ferir de lance,
Hardis eftoit & combatans,
Ens grans befoingnes embatans ;
Mais li tornoi font deffendu,
Tout a mangié & defpendu.
Li Chevaliers en ceft termine,
Ne li remaint mantel d'ermine,

Ne fercot, ne chape fourée,
Ne d'autre avoir une danrée.   30
Que tout n'ait beu & mis en gage,
De ce nel tieng-je pas à fage,
Quant fon harnois a engagié,
Et treftout beu & mengié.

En un chaftel iert fejornans,
Qui moult fu chiers & defpendans;
Ainfis come feroit Provins,
Souvent il bevoit de bons vins.
Par tout font guerres deffendues,
Ne nul n'an font efmeues,   40
Illuec fu lonc tans à fejour.
Tant que il avint à un jour
C'on cria un tornoiement
Par le païs communement,
Que tuit allaffent fans effoigne
Droit à la Haie en Touraine.
Là devoit eftre fort & fier.
De ce fu liez li Chevalier,

Quant il entendi la novele.
Huet son escuier appele, 50
Et li raconte sa novele,
Qui li su avenans & bele,
Dou tornoi qu'à la Haie iert.
Et dit Hues, à vous qu'asiert
De parler de tornoiement,
Ja sont tuit votre garnement
Engagié pour nostre despense.
Dist li Chevaliers; car en pance,
Huet, dist-il, se tu bien veus
Toujours consoillier bien me seus, 60
Moult me sust miex se te creüsse.
Or fait si coment je reüsse
Mes garnemens s'em plus attendre,
Sans toi n'en saroie chief prendre.

Quant Hues voit, faire l'estuet,
Si s'en chevist au miex qu'il puet,
Le palefroi son signor vent,
C'onques n'en sist autre convent,

Et puis s'en aquitta tres bien,
Si qu'à paier ne laissa rien. 70
Tant que se vint à lendemain
Qui r'ot ses gages en sa main.
En deus se mettent à la voie,
Nus ne les suit ne les convoie,
Puis s'en entrerent en une lande.
 Le Chevalier Huet demande
Coment avoit eu ses gages.
Et Hues qui moult estoit sages.
Li a dit, sire, par ma foy,
J'ai vendu votre palefroi, 80
Que autrement ne povoit estre,
Or n'en menrez cheval en destre,
Que que vous faciez en avant.
Combien as-tu de remenant,
Huet, ce dit li Chevaliers ?
Par foi, sire, douze deniers,
Avons nous s'em plus à despendre.
Donc n'avons nous mestier d'atendre,

Fait le Chevalier, fe me famble.
Endui vont chevauchant enfamble ; 90
Puis entrent en une valée,
Grande, parfonde, longue & léc,
Et Hues chevauche devant,
Et s'en va fort efperonnant
Seur le roncin grant aleure,
Tant que il vint par aventure
En un prez lez une fontaine
Qui moult iert bele, clere & faine,
Tout entour avoit arbriffiax
Vers & foillus, & grans & biax, 100
Li arbriflel moult bel eftoient.
En la fontaine fe baignoient
Trois puceles preus & fenées,
Qui de biauté fembloient fées,
Lor robes à tout lor chemife
Orent for la fontaine mifes
Du bout de la fontaine en haut.
Prés fi d n , fi fift chaut.

Les robes valent un trésor,
Baſtues eſtoient à or, 110
Onc plus riches ne furent veues.

Quant Hues voit les fames nues,
Cele part va à eſperon,
Si ne lor dit ne ho ne non,
Ainſois a les robes ſaiſies,
Et eles remeſtrent esbahies,
Quant eles voient les robes emporte,
La p... ineſtre s'en deſconforte,
Et entre aus forment ſe douloufent,
Prient, & lamentent, & plourent.
Einſis com ſe vont demenant, 121
Eſvos le Chevalier venant,
Qui après l'eſcuier s'en va.

Atant l'une d'eles parla,
Et dit, je voi le Chevalier,
Le ſeignor au mal eſcuier,
Qui nos robes nous a tollues,
Et nous a laiſſiées toutes nues.

Or le prions s'em plus attendre
Qu'il nous face nos robes rendre, 130
S'il est prodoms, il le fera.

 Atant la plus mestre parla,
Et li conte lor mesestance.
De ce ot li Chevalier pesance,
Et ot des puceles pitié.
Son cheval a tant avancié
Huet ataint, & si li dist,
Baille-moi ça, se Diex t'aist,
Ses robes, nes emporte mie,
Que ce seroit grant viloinie 140
De faire à ces puceles honte.

 Or tenez d'autre chose conte,
Dist Hues, & ne soyez yvres,
Les robes valent bien dix livres ;
Car onques plus riches ne vi.
Devant quatorze ans & demi,
Ne gangnerez-vous autretant,
Tant alez à tornoiement.

Ne me chaut, dit li Chevalier,
Ge les reporterai arrier 150
Les robes, coment qu'il en praingne,
Je n'ai cure de tele gaingne,
Je n'en venroie ja en pris.

A bon droit i estes vos chetis,
Se dist Hues par mal talent.
Li Chevalier les robes prent,
Et est revenus aus puceles,
Qui tant ierent vaillans & belles,
Si lor a lor robes rendues,
Et eles s'en font tantost vestues; 160
Car à chascune estoit moult tart.

Atant li Chevaliers s'empart,
Et s'en est retornez arriere :
L'une des puceles premiere
Parole as autres, si lor dist ;
Damoiselles, se Dex m'aist,
Cils Chevaliers est moult cortois,
Mains en a, vez vous, ençois

Euffent nos robes chier vendues,
Que il les nos euffent rendues, 170
Car en euft de bons deniers.
Moult eft cortois li Chevaliers,
Il a vers nos fait cortoifie,
Et nous avons fait vilonnie,
Quant riens ne li avons donné,
Dont il nous doit favoir malgré,
Qu'il eft fi poures qu'il n'a rien :
Rapelons-lou, s'el paions bien,
Nule n'en foit avere ne chiche,
Mais faifons le poure home riche. 180
Les autres li ont creanté.
Le Chevalier ont rapellé,
Et il retorne maintenant.

 La plus meftre parla avant,
Et li dit, fire, or entendois,
Ne il n'eft raifon, nil n'eft drois,
C'ainfi de nous vous departois
Que vous n'aiez du notre ainfois ;

Richement nous avez fervie,
Rendues nous avez les vies, 190
Si avez fait que moult prudom,
Et je vous donrai riche don,
Et fachiez que ja n'i faudrés,
Jamais n'irez ne loing ne prés,
Que tous li mons ne vous conjoie,
Et c'on ne face de vous joie,
Et fi vous abandonneront
Maintenant quanqu'il aront,
Ytex fera le voftre eur,
De ce foiez tous affeur, 200
Ne povez mais avoir pouerte.
Dame fi a riche defferte.

L'autre reparole aprés;
Jamais n'irez ne loing ne prés,
Ou vous truiffiez fame ne befte,
Pour qu'ies deux iex en la tefte,
Se le... volez apeler,
Qu'il n'el conviegne à vos parler.

Ytex fera le voftre eur,
De ce foiez tous affeur   110
Que tel n'ot mais ne Roy ne Conte.
De ce ot le Chevalier grant honte,
Et tint la pucele por fole.

Et la tierce fi reparole,
Et dit au Chevalier, biau fire,
Savez-vos que je vuel dire
Se le . . . a encombrement,
Qu'il ne refponde apertement
En leu dou . . . tout maintenant;
Huchiez le cul hardiement,   220
Et li cus refpondra pour lui,
Qui qu'en ait ne duel ne anui,
Huchiez-le donc pour vo befoingne.

De ce ot li Chevaliers vergoingne,
Et cuide bien que gabé l'aient,
Et que pour niant le délaient.
Eframment au chemin fe met,
Tant qu'a confeu a Huet,

Tout

Tout en riant li a conté
Com celes l'avoient gabé, 230
Gabé m'ont celes don prael.
Lors dist Hues ce m'est moult bel :
Qu'il est moult fox par saint Germain,
Que ce que il tient en sa main,
Giete à ses piés en non chaloir.
Huet, je croi que tu dis voir.
Einsis s'en vont parlant ensemble :
Tant que il virent, se me samble,
Un Chapelain s'emplus de gent,
Qui chevauchoit une jument, 240
Le chemin voloit traverser,
En un autre voloit aler,
Qui assés prés d'illuec estoit,
Sitost com le Chevalier voit,
Vers lui restourne sa jument,
Et descendi isnelement,
Et li dist, sire, bien viengniez,
Or vous pri que vous remaingniez

Huimais o moi pour ofteler,
De vous fervir & honnourer 250
Ai grant envie & grant talent,
Et tout à vo comandement,
Met quanque j'ai, n'en doutez ja.
    Le Chevalier fe mervilla
Dou Preftre qui non connoift mie,
Qu'ainfi de demourer lou prie.
Huet l'apele, fi li dit,
Sire, fait-il, fe Diex m'aït,
Les puceles vos diftrent voir,
Si le pouez apercevoir, 260
Les puceles bien curées
Je fai de voir, s'eftoient fées.
Or apelez de maintenant
Le... de cele grant jument,
Et vos l'orrez parler, ce croi.
    Dift li Chevaliers, je l'otroi.
Adonc li commença à dire,
Sire,... où va voftre fire,

Dites-le-moi, non laiſſiez mie.
Par foi, il va veoir s'amie, 270
Diſt li... ſire Chevaliers,
Et li porte de bons deniers,
Dix livres de bonne monoie,
Qu'il a faint en une corroie,
Por acheter robe mardi.
 Et quant le Preſtre entendi
Le... qui parole ſi bien,
Esbaï fu ſor toute rien,
Engigniez cuide eſtre & traï,
De grant paour s'en esbaï. 280
Grant paour ot puis torne à fuie,
Voit le Hues, forment le huie.
Et le Preſtre ſans demorer
Gaaingne le tour pour aler,
Et s'enfuit par une charriere,
Pour cent mars ne tornaſt arriere,
Et por courre delivrement,
Deſſuble ſa chape eſramment,

Et les deniers, & la monoie
Gieta treſtout ammi la voie,   295.
C'onques il n'enporta denier.

 Adonc deſcent le Chevaliers,
Et a la ſaiſir les deniers,
Et les a mis ſor ſon ſommier,
Dont il y avoit bien dix livres.
Diſt à Hues moult fuſſe or yvres,
Se ton conſoil euſſe creu,
Mau los euſſe receu,

 Et Huet deſcent maintenant,
Si a ſaiſie la jument,   300
Qui moult bien eſtoit afautrée,
Puis trouſſe la chape forrée,
Et ſe reprant à chevauchler.

 Adonc parla le Chevalier.
Huet, cil ne gaaigne mie,
Qui fait conques par viloinie,
Ains pert honor par tot le monde;
Jamais ne bel dit, ne bel conte,

N'iert mais de li à cort retrait,
Miex aimnasse estre or ains contrait,
Que ton consoil eusse creu,
Moi, mon pris eusse deceu.

Ainsis vont ansamble parlant;
Et Huet garde en un pendant,
Et si a choisi un chastel,
Moult bel seant, & fort & bel.
Ne sai qu'en feroie lonc conte.
En cel chastel avoit un Conte
O li la Comtesse sa fanre,
Qui moult iert bele & vaillans Dame.
En la ville un juour avoit
Ou le peuple assamblé estoit.

Quant li Chevaliers ens entra,
Chascuns contre lui se leva,
Les puceles qui carolerent,
Toutes contre lui s'en alerent,
Et le Conte aussi y ala,
Qui en la bouche le baisa,

Auſſis volentiers feit la Conteſſe,
Plus volentiers que n'oiſt meſſe, 330
S'el oſaſt vingt fois prés à prés.
Se le Conte ne fuſt ſi prés,
Moult li pluſt en ſon cuer & fiſt,
Et plus forment li abeliſt.

 Tous li peuples c'anqui eſtoit,
A haute voix forment crioit,
Sire, vous ſoiez le bien venus,
Car de nous ſeriez chier tenus ;
Tout eſt voſtre, cors & avoir,
Enſis fetement tout por voir. 340
Chaſcuns le voloit detenir,
Et faire avecque lui venir
Por conjoir, & feſte faire,
Et pour reſgarder ſon affaire ;
Car il plaiſoit tant à chaſcun,
Que tuit diſoient un à un,
Prenez-nous à votre talent,
Si en faites votre comant.

Tandis que il parloient ainsi,
Li Coens le Chevalier saisi : 350
Si li dist par bele raison,
Sire, vous venrez en ma maison,
Car sachiez nous somes apresté
De faire vostre volenté;
Aussis fera voir la Comtesse,
En li trouverez bonne hostesse,
Qui volentiers vous servira,
Et fera se qu'il vous plaira.
Et la Comtesse maintenant,
Quant vit le Chevalier venant, 360
Contre li tantost s'en ala,
Et moult tres bel le salua,
Com cele qui bien le sot faire.

Maintenant en un bel repaire,
L'ammena la gentix Comtesse,
Qui de faire joie ne cesse
A lui & à son escuier.
Sire, or ne vos doit anuier,

Dist la Comtesse au Chevalier,
G'irai por haster le mengier, 370
Car il en est bon tens ce croi,
Par ma foi Dame & je l'otroi,
Dist li Chevaliers, maintenant.
Et la Comtesse isnelement
Fist as quex le mengier haster,
Et ce qu'il convint aprester
Fait fu, car la Dame le vot,
Et au Comte aussis moult li plot.
Et quant tout fu apparillié
Errament baus, joiant & lié, 380.
Li Cuens & la Comtesse ensamble
Alerent querre se me samble
Lor hoste qu'orent herbergié
Huet n'i ont pas oublié;
Car por l'amistié de son mestre,
Fu il bien venu à cel estre.
Et la Comtesse por laver
Print par les mains le Chevalier;

Mais li Chevaliers nel voloit,
Et dou faire s'efcondiſſoit.   390
Mais ſes efcondirs rien n'i vaut,
Se qu'il lor plet faire le faut.
Et puis li Cuens & les puceles,
Les Dames & les Damoiſeles
Lavent aprés, & l'autre gent,
De coi il i ot planté grant,
Por le Chevalier conjoïr :
Puis le firent aler ſeïr
Ou plus bel leu lez la Conteſſe.
  Et cele fu bone meſtreſſe   400
De bel parler & d'araiſnier,
Et dou ſemondre por mengier.
Aſſés i ot plenté de més,
Defquex en ſervi prés à prés :
De chars freſches, de venoiſons,
Et de pluſeurs més de poiſſons,
Et des nouviaux vins & des viez,
Et de pimens & de clarez,

E v

Grant fu la cors, mentir n'en quier,
Que on fift por le Chevalier, 410
Et treftuit cil qui là eftoient,
Moult volentiers le refgardoient,
La Comteffe & fes Damoifeles,
Et les Dames & les puceles,
N'i a cele n'en feift fon dru,
S'avoir le peuift en repu.
Moult fe fu cel cors bien fervie,
A grant planté & bien garnie
De Dames & de Damoifeles,
De beles gens & de puceles. 420
 Li Chevaliers fe prent bien garde
Que chafcun de ceax le regarde,
Et lui & fon contenement;
Mais il n'en fit onques femblant
De refgarder ne çà ne là,
Ne il onques trop ne parla
 Qu'il eftoit fages, preux & biax,
Et courageus, fors, & ifniax.

Moult li fift une Damoifele,
Qui moult fu avenans & bele, 430
Et fe fu gentix, longue & droite,
Et de tout fon cors moult droite,
Blanche fu com flor de lis,
Dou refgarder eft grans delis.
Qu'ele fu pleine de grant grace,
Blanche & vermoille ot la face,
Com faucons vairs iex & rians,
Ses & agus, & atraians.
N'eft nus qui bien les refgardaft,
Que fon pancer toft ne chanjaft, 440
Et que ne fuft toft deceus,
Et à fol voloir efmeus,
Qu'ele fu portraite à devis,
Et fi avoit fi cler lou vis,
C'on fi pouift tres bien mirer;
N'eft Cuens, ni Rois ne Amirés,
Qui feuft devifer tant bele,
En nule terre come cele;

Bouche petite ot, & vermoilles,
Et les lieſres furent paroilles, 460
Et les dens drus, & bien aſſis,
Blanc com yvoire, & bien petis,
Gorge polie, menton voutis,
Et ſi ot les ſorcis traitis,
Le front plain & reſplendoiant,
Et le col blanc & reploiant,
Blondes cheveus & bien ſoians
Luiſans com or & ondoians,
Biax ot les bras & grans & drois,
Blanche les mains, & lons les dois.
Petit pié, gembes engouſſées, 472
Bien ſamble que fuſſent fées,
Sa meniere & ſa contenance
Furent de moult tres grant plaiſance,
Et monſtrent bien au déſcouvert,
Que bel fu ce que fu couvert.
Bien fu fete par grant meſtriſe,
Nature la fiſt à deviſe,

Et bien parut par son courage
Qu'ele fu de gentil parage. 480
Au Chevalier a moult pleu,
Se qu'en li einsis ot veu ;
Mais petit en fist de semblant,
C'on ne s'en alast mal pensant.
 Puis fist on les napes oster,
Et por laver l'iaue aporter ;
Li Chevalier tout premerains
Avec la Comtesse ses mains
Lava, & puis l'autre gent toute,
Et puis se burent tout à route, 490
Et por l'amor dou Chevalier,
Se vont trestuit apparillier,
De faire karoles & danses,
Par moult tres nobles contenances.
Et quant dancié orent assez,
Donc fu li Chevaliers lassés,
Lors le mainent à son ostel
Qui moult fu plaisant & bel „
. . . .

Por un petitet reposer.
Li Chevaliers les mercioit
Pour l'onor que on li faisoit :   500
Puis se coucha li Chevaliers,
Et delés hui ses escuiers.
Et quant orent assés dormi,
Leverent soi tuit estormi,
Pour congié prendre & puis partir;
Mais li Cuens nel vot consentir,
Et ancore mains la Comtesse.
    Sire, dist-ele, moult me blesse,
Que voulez vos partir de nos;
Mais foi que doi & moi & vos,   510
N'en partirez hui ne demain.
Adonc l'a saisi par la main,
Si l'en mena en ses vergiers,
Em prés, en jardins, en rosiers;
N'est nus qui vos seust dire
Le solas, le déduit, le rire,
Le bel leu, la joie & la feste,
Que fist li Quens & la Comtesse.

Au Chevalier par fine amor,
Moult li porterent grant honor.   520
 Avint qu'il fu tens de souper,
Si s'en ralerent per à per,
Si com au matin aseoir;
Moult furent bien servi le soir
De viandes à grant planté,
Et de vins à lor volenté.
Aprés mengié chascuns comence
De faire caroles & danses,
Tant qu'il fu houre de couchier,
Puis anmainnent le Chevalier   530
En sa chambre où fait fu son lit,
Et là burent par grant delit;
Puis prinrent congié se me samble
Li Cuens & la Comtesse ensamble,
Si s'en revindrent d'autre part.
Moult samble à la Contesse tart
Que le Conte fust endormis.
Adonc l'en a à raison mis,

Sire, il eſt tens de couchier or,
Diſt li Cuens, & je m'i acor. 540
Leva ſoi & ſe deſpoilla,
Et tantoſt au lit ſomeilla.

 Quant la Comteſſe vit ſon point,
Sans cri, ſans noiſe faire point,
Si s'en vint à ſa Damoiſelle,
Qui tant iert avenant & belé,
Celi que je vos ai nomée,
Blanche flor, or ſoiez ſenée
De faire ce que te dirai.
Cele reſpont, j'en penſerai 550
De faire le voſtre coment,
Sans querre nul alloingnement.
Tu t'en iras au Chevalier,
Que monſeignor herberja ier,
Ne cri, ne noiſe ne feras,
Et avant li te coucheras,
Et feras dou tout ſon plaiſir,
De ce qu'il te vorra querir.

Et bien li dit que je y alaſſe,
Se le Conte ne redoutaſſe, 565
Et li di que je t'i envoie;
Or va ſi te met à la voie,
Et ſe qui ſera dit & fait,
Me raporteras ſi te plait.

 La Damoiſelle reſpondi,
Hareu ! Dame, qu'avez-vous dit ?
Je n'iroie por eſtre Roïne,
Si feras, ma bele couſine,
Reſpont la Dame maintenent.
Je n'iroie por tant ne porquant, 570
Diſt cel, qui y vouſſiſt ja eſtre;
Mais el le diſt por ſavoir l'eſtre,
Coment ſa Dame eſt eſchaufée
Pour ſon hoſte, & embraſée.
Or n'i vaut riens faire l'eſtuet,
Diſt la Dame, car je le vuet.

 Cele qui fu humelians,
Qui ot les iex vairs & rians,

Li dist, Dame & car vou frez,
Non ferai voir, vous y irez,   580
Car tous mes confaus vous favez.

J'irai donc puifque le voulez,
Et ferai vo commendement,
Cele faut fus ifnelement
Toute nue en pure chemife,
A tout une pelice grife,
S'en vint au lit au Chevalier,
Et delez lui s'ala couchier,
Et fe devefti toute nue,
Por miex paier fa bien venue.   590

Li Chevaliers s'efpouery,
Quant cele prés de lui fenty ;
Maintenant demandé li a,
Que c'eft, que quiert, quel befoing a,
Celle ne fu pas effraée,
Ains refpondi comme fenée,
Ne doutez pas, fire, fet-elle,
Je fui coufine & damoifelle.

Madame, qui à vous m'envoie,
Pour vous faire folas & joie,   600
Moult volentiers i fuſt venue,
Ne fuſt por eſtre aperceue.
De moi povez voſtre bon faire,
Einſis com il vous vourra plaire.

 Et li Chevaliers la raviſe
Au parler & à la deyiſe,
Adonc la print & embraça,
Et acola, & puis baiſa,
Puis miſt ſes mains for ſes mameles,
Qui ſont poignant, dures & beles,
Cortoiſement demendé a 611
Que c'eſt que fuſt, que taſté a.
Ele li reſpont, mes tetiax,
Ne croi pas que truiſſiez plus biax.
Adont la print par la poitrine,
Et mis ſes mains for ſa boudine,
Sur ſon ventre, & ſur ſes coſtés.
Bele, fait-il, or m'eſcoutez :

Dites-moi dont que est ceci,
Et cele tantoſt reſpondi,   65
C'eſt mes coſtez, c'eſt ma poitrine,
C'eſt mes ventres, c'eſt ma boudine,
Que vous en plait-il plus oïr.
Puis la baiſa pour conjoïr,
Et pour ce ne l'a pas laiſſiée,
Que par tous lieus ne l'ait taſtée.
Sor le... en cele valée,
Et a demandet hautement,
Que fuſt, que ce eſt que va taſtant,
Et li... tantoſt reſpondi,
C'eſt li... qui vous atant ci,   630
Que vous maintenant le...
Et en faites vo privautez,
Et ſe mervoille durement,
Que vous alez tant atendant,
Car por autre riens n'iert venue
Madame qui lez vos giſt nue.

Quant cele oit que ses ... parole,
Au Chevalier, de cele escole   640
Si s'enfoui com esperdue,
A la Comtesse toute nue;
Et li dist ce que trouvé ot,
Et li raconta mot à mot
Coment ses ... avoit parlé.
Je croi que tu m'aies gabé,
Fait la Dame, non ai, pour voir,
Par vos le porrez bien savoir.

 Adont Jou parler en laisserent
Jusqu'au matin qu'il se leverent, 650
Et li Contes & la Contesse
Qui fu tens d'aler oïr la messe.
Li Chevaliers à aus s'en vint,
S'es salua & congié print,
Mais il ne li vorrent doner,
Tant qu'il sera aprés diner.
Or s'en vont la messe escouter,
Et firent le disner haster.

Quant difné fuft, les tables oftent;
Lors dift la Conteffe à fon ofte,   660
Sire, or dites de vos nouvelles
Qui foient avenans & beles;
Car j'ai bien veu Chevaliers,
Et autres gens & efculers,
Qui contoient tele aventure,
Dont on avoit de l'oïr cure;
Par foi, fet-ele, on m'a conté
D'un Chevalier de grant bonté,
Quant il veut les ... apéler,
Qu'il les fait quant il veut parler, 670
Et ce croi, c'eft le Chevalier
Que monfeignour herberja ier,
Mais je metroie bien dix livres,
Mes ... n'eft fi fox ne fi yvres,
C'on le feift jamais parler,
Tant le feuft-on appeller.

Que vos iroie plus contant,
Ne longues paroles contant,

La Contesse & li Chevaliers
Se gagierent endementiers.   680
Pour dix livres fu la gajaille,
Sans faire nule repentaille,
Par tel convent que il feroit,
Toutes les fois qui li plairoit,
Le ... à la Dame parler,
Quant il le vorroit appeller.
Mais ele quist tant de respit,
Que en sa chambre aler pouit,
Esramment a empli son ...
Que de laine, que de coton,   690
Et pour mieux emplir les pertus,
Feri de ses mains par desus.
Lors vint & dist au Chevalier,
Sire or povez mon ... huchier,
S'il vous plaist, & s'il vous respont,
Prenez sor moi dix livres adont.
 Li Chevaliers dist, je l'otroi,
Dont l'appellerai-je, par foi.

Sire .... car parlez à mi,
Et li ... riens ne respondi. 700
Hez ! le Chevaliers esperdu,
Qu'il cuida tout avoir perdu.
Esvous Huet qui saut avant,
Sire, n'alez pas esmaiant,
Huchiez le cul hardiement,
Se li ... a empeschement,
Li cus si doit por lui respondre.
C'est voirs, & je l'envois semondre,
Dist li Chevaliers, par ma foi.
Sire cus, car parle à moi, 710
Porcoi ne parole li ... ?
Sire, fet-il, ici vous respons,
Car la plaie dou ... est plaine,
Ne sai de coton ou de laine;
Et pour ce ne puet-il parler,
Quant vous le voulez apeler.
Lors n'i ot nul ne s'esbaist,
Qu'ainsi parler le cul oïst.

Et

Et la Dame lor dift por voir
Que li cus lor avoit dit voir, 720
Adont a chafcun tefmoignié
Que li Chevaliers a gaaignié.

Li Chevaliers ot les dix livres,
Tous affous, quites, & delivrés,
Et puis aprés à aus s'en vint,
S'es mercia & congié print,
Et fachiez qu'à la defpartie,
Fu la cors troublée & marrie,
C'on vouffift miex qu'il demouraft
Dix ans, que fi toft s'en alaft. 370
Il n'ot Roi, Duc, Prince ne Conte,
Ne fame nule an tout le monde,
Qu'auffi volentiers nel veift,
Et feftoiaft, fi le feift.
Mais plus a chier le tornoier,
Qu'avenc les Dames donoier.

Partis s'en eft li Chevaliers,
Et Hues li fiens efcuiers,

A tout l'argent, ez le tornoi
Qui fu criez eftre à Tornai.   740
D'anqui s'en va par toute terre,
Où il ot tornoiement ou guerre,
Partout adès fu bien venus,
Et de tout le mont chier tenus ;
Car il fu vaillans & prodons,
Et fi fu certains des deus dons,
Que li donerent les puceles,
Qui tant font avenans & beles.
Bien les efprouva, bien le fot,
Ou qu'il fu adès planté ot ;   750
Car fame & home & toute gent
L'avoient chier por fon cors gent,
Et de tout fes voloirs feift,
Toutes les fois qui li feift.
Et Hues pourchaça déniers
Toutes fois qu'il en fu meftiers.
Enfi vefqui, n'en doutez mie,
Tant com ou cors li dura vie.
           Explicit.

DE L'ANEL QUI FAISOIT
LES *** GRANS ET ROIDES.

Par HAISIAUX.

HAISEAUS rédit c'uns hons estoit,
Un merveilleus anel avoit,
Tant com il avoit en son doit,
Ades son membre li croissoit.

Un jor chevauchoit une plaigne,
Tant qu'il trova une fontaine,
Descendus est quant il la vit,
Et lez la fonteine s'assist,
Si lava ses mains & son vis,
Et son anel qu'il a hors mis.   10
Quant il li plut si s'en leva,
Mes l'anel seur l'erbe oublia.

Un Evesque par là passoit,
Si tost com la fonteine voit,
Il descent & trouva l'anel;
Pour ce que il le vit si bel,
En son doit l'a mis sans attendre.
Quant il li ot un poi esté,
Et vos le Vesque remonté,
Arnoult tres grant mesese estoit, 20
Du membre qui si li tendoit.
Ne n'aloit pas sans plus tendant,
Ençois aloit tozjors croissant.
Tant crut & va tant aloignant,
Que ses braies vont dérompant,
Li Evesques honteusement
Montre s'aventure à sa gent;
Mes nul n'i ot qui s'avertist,
Que ce li anel li feïst.
Tant crut que li traïne à terre. 30
Par conseil comanda à querre
Home ou fame qui li aidast,

Et qui à point le ramenaſt.
Cil qui l'anel avoit perdu,
Ceſte merveille a entendu,
A l'Eveſque eſt venu tot droit ;
Si demanda qui li donroit
Du ſien s'il le pooit garir.
Cil qui avoit trop à ſouffrir
Li diſt tot à voſtre talent.   40
Je veus dont, fait-il, par convent,
Vos deus aneaus tout au premiers,
Et cent livres de vos deniers.
Quant les aneaus furent fors trés,
Li membres eſt tantoſt retrés,
Ains que cil euſt ſes cent livres,
Fu li Eveſques tot delivres.
Et cil marchié fu bien ſeans,
Comme chaſcun en fu joians.

DE GAUTERON ET DE MARION.

QUANT Gauteron se maria,
Marion prist qui dit li a
Que l'aime moult & est pucele,
La nuit jurent & cil & cele.
Son ... au ... li aproucha,
Et Marion un peu guincha,
Et si roidement l'assailli,
Qu'un grant pet du cul li sailli.
Quant il oï le pet qui saut,
Dáme, dist-il, se Diex me saut, 10
Je sai bien, & si ai senti,
Que de covent m'avez menti ;
Car pucelle n'i estiez pas.
El li respont inele le pas,

Jel fui, més je nel fui or mie,
Et vous fetes grant vilenie,
Et fi me dites grant ontage,
N'oïtes vos le pucelage
Qui s'enfoï quant vos boutaftes
Moult vilainement l'enchafaftes.   20
Quant Gauteron l'a entendu,
Par le cuerdeu, fet-il, il put,
Ce poife moi, que il fe mut,
Miex fuft el com à une part ;
Car, en euffe affés du cart.
Pour ce maudige, que de Deu
Soit la pucele confondue,
Qui tant le garde que il puc.

DU VILAIN A LA C*** NOIRE.

D'UN vilain vous cons qui prist fame,
Une moult orguilleufe fame,
Et felonefle, & défpifant;
Mais ne fot de fon paifant,
Qu'il euft la . . . fi noire,
C'ele le feuft, c'eſt là voire,
Ja ne geuft delez fa hanche;
Mais bien quidoit qu'ele fuſt blanche.
Tant que par aventure avint,
Que li vilains de labour vint,   10
Et fu delez fon feu aſſis,
Més des pertuis de ci qu'à fis
A en fes braies qui font routes,
Si que hors li iſſirent toutes

Ses..., & cele les vit.
Las! fet-ele, com noir...
Et comme noires ... je voi!
Ja ne gerra mais delez moi,
Li vilains, qui tel hernois porte.
Certes honnie fui & morte.   20
Quant il ainc à moi adefa,
A mal eur qui m'efpoufa,
Et que à lui fui mariée,
Dolente en fui & irée;
Par foi, & fi doi-je bien eſt.c.
Més foi que doi le Roi celeftre,
Je le lairai, & or endroit,
J'irai à l'Evefque tout droit,
Ce li monftrerai ceft affaire.
Li vilains fu debonaire,   30
Si li dift debonairement,
Dame, à Dame Dieu vous coment,
Mais fe de moi faites clamor,
Ja n'aie-je le Creator,

Se je ne di à cort tel chose,
Ja n'i ara parlé de rose.

Fi, fait-ele, que dites-vous ?
Par foi or departirons nous :
Or ne ramanroit-il por rien,
Que ne monstrasse au Doyen, 40
Et à l'Evesque & au Clergié.

Une aillie ne vous dont gié,
Faites au pis que vous poez,
Par tens ces nouveles orrez,
Dont vous serez au cuer iriez.
Or est votre plais empiriez,
Pour tant que m'avez menaciée.
Or s'en va toute courreciée,
Et va tant que vint à Paris :
A l'Evesque dist ; chiers amis, 50
Or vieng devant vous en presence,
Dirai vos tout en audiance,
Porcoi je sui à vous venue,
Que cinq ans m'a bien meintenue,

Mes barons, ains mais nel conui.
Er foir, or primes apercui
L'ochoifon porquoi il remaint;
Et fe meftiers m'eft j'aurai maint
Qui tefmoingneront tot pour voir.
Mes barons a le ... plus noir   60
De fer, & la ... plus noire
Que chape à moine, n'à provoire;
S'eft velue come piau d'orce.
Onques encores nules borces
De feur ne fu plus enflée.
La vérité vous aï contée,
De tant que dire vos en fai,
Le voir reconneu vous ai.
Lors la gaberent tuit & rient,
A l'Evefque en riant dient,   70
Sire, car le faites femondre,
Saveir que il vourra refpondre
Le vilain for cefte befoingne.
Je voil bien que on le femoingne,

F vj

Fait li Evefques, par ma foi,
Faites-le favoir de par moi
A Dant Pepin le Chapelain,
Que demain amaint le vilain.
Celui acort, & il fi fait,
Accufez eft de mauvais plaift, 80
Il fu venus & fi s'efcufe.

 Quant il fu venus, dont l'accufe
Sa fame oiant toute la cort,
Quicunques à mal me l'atort,
Ne me chaut fe je fui blafmée.
Biau fire à vos me fui clamée
De ceft vilain qui m'a honnie,
Que fa ... de Hongerie,
Qui famble fac à charbonier
Par foi bien furent pautonier 90.
C'à lui me firent efpoufer;
Et fe je feuffe oppofer
Ne refpondre, je l'oppofaffe,
Et la raifon li demouftraffe,

Por qu'ele est plus noire que blanche.
Et cil sa parole li tranche,
Si dist. A vous sire me clain
De ma fame, qui tot mon fain
A torchier son cul & son ...
Et la roie de son poistron,   100
M'a gasté à faire torchons.
  Vous i mentés par les grenons,
Fait-ele, Dans vilains despers,
Il a cinq ans que ne fu ters
Mes cus de faine, ne d'autre rien.
Non, fait-il, jel savoie bien,
Por c'est ma ... si noircie.
Adonc n'i a celui ne rie,
Quant il oient cele parole.
Et la Dame se tint por fole   110
De la clamor qu'ele fait a.
Et li Vesques les esgarda,
Si les a renvoiez ensanble
En lor païs, si com moi samble.

Par cest fabel poez savoir,
Que fame ne fait pas savoir,
Qui son baron a en despit,
Por noire ··· por noir ···
Autant a-il de bien ou noir,
Come ou blanc, sachiez de voir.

Explicit de La *** *noire.*

CI COMMENCE D'UNE DAME
DE FLANDRES,
C'uns Chevalier tolli à un autre par force.

IL avint ja en Flandres qui ot un Chevalier tort,

Qui amoit une Dame, de ce n'ot-il pas tort,

Il la vit bele & droite si n'ot pas le col tort,

Kant ne la pot avoir à droit, print la à tort;

Mais puis fu lor afaire destorbés par un tort,

Qu'à tort lui taut la Dame qu'il ot ravie à tort,

Et puis fu retolue, & menée de tort en tort.

Puis l'espofa à feme dont on dit qu'il
 ot tort,

Dont onques puis li tort ne pot amer
 le tort,

Et la Dame fe plaint & dit c'on li
 fait tort.

Mis font en queftion, li tors contre
 le tort

Se font venus à Rome pour favoir
 qui a tort,

Et advocas parolent & à droit & à
 tort,

Veulent argent avoir ancor ait li uns
 tort,

Bien fe fevent aidier & dou droit &
 dou tort,

Et dient à chafcun tu as droit, & il
 tort,

Et el fe met en enquefte c'on ne li
 quierre tort,

Or tort & fe deftort, or retort, &
 or tort,

Or fe replaint la Dame, & dit c'on
  li fait tort,
Et veut autre feignor fe tors ne li
  retort,
Et treftous les defpens qu'ele a fait à
  grans tort.
Et forme fon libelle qu'elle a baillé
  au tort.
Or à jor de refpondre li tors contre
  le tort,
Seignor, ce dit; fi tors me requiert,
  moult a tort,
En tote la querele aige droit & il tort
Je taing à droit la Dame qui me re-
  quiert à tort,
Et s'en fuis en tenor foit à droit ou
  à tort,
N'en doi eftre getez pour la requefte
  au tort,
Se il ne vuet prover que je la tiegne
  à tort,
Je li ni fa requefte & fe di qu'il a
  tort,. 30

Et tors eſt & tort veut & drois dit qu'il a tort,

Einſi deſtort li tors canques cil li retort,

Or eſt einſi li afaires alez de tort en tort.

Li Apoſtoiles Innocens qui nelui ne fait tort,

Oit dou tort la requeſte & la requeſte au tort,

Par foi, dit l'Apoſtoilles, de trois pars i a tort,

Ceſte Dame ne peut ſentence avoir ſans tort,

De l'un tort l'a deſtrait & donc à l'autre tort,

Que tort avoit devant, mais or à greigneur tort.

Ha laſſe ! diſt la Dame, com ſui jugiée à tort, 40

On dit en mon païs que la cors me fait tort,

Et que diront la gent kant je menrai
    cet tort,
Lors tenront tote gent cet jugement
    à tort ?
Aprés, dit l'Apoſtoilles, Dame vous
    avez tort,
En tote la querele avez vous eu tort,
De deus tors vous ai-je donée au
    menor tort,
Si Saint Pierres i fuſt ſe vous donat-il
    tort,
Se par ſes grans miracles ne feit aler
    droit tort,
Par foi, ce dit la Dame, & je bien
    m'i acort,
Kar en voſtre ſentence ne vueil metre
    deſcort,   60
Autre fois avons nous eſté bien d'un
    acort,
Se il à moi s'accorde, & je à li m'a-
    cort,

Ne jamais que je sache n'i aura nul
 descort,

Vous prie à J. Crist que envers lui
 m'i acort,

Et que la foie acorde envers lui m'i
 acort,

Que jamais envers lui mes cuers ne
 se descort.

Vous qui avez vos fames gardez
 n'i ait descort,

Que par la descordance autres ne s'i
 acort,

Or n'ai-ge plus que faire dou tort ne
 dou destort ;

Et qui lira cet compe de la bele li
 recort.   60

Ci fenit li fabliax des deux Che-
 valiers tors.

Explicit li roles dou droit contre le
 tort.

Et enfuite en lettres rouges.

Explicit de la Dame ax deux Chevaliers tors
Ci fenist li fabliax dou droit contre le tort.

DES TROIS MESCHINES.

OR escoutez une aventure,
Et puis si en dites droiture.
A Brilli ot ja trois meschines,
Ne sai come elles erent fines,
Ne sai s'erent sages ou foles,
Mais moult hantoient les caroles,
Et volentiers se cointissoient,
A lor pooir, & s'acesmoient.
L'une ert Brunetain apelée,
L'autre Agace, l'autre Sucrée.   10
Un jor tindrent lor parlement
D'atruper lor acesmement,
Por une grant place aramie
Qui fu criée & aatie

De Boudet & de Jouvincel,
En ces chans vers Buefemoncel.
Certes, dit Sucrée à Agace,
Tel poudre fai, qui en fa face
L'auroit mife un poi deftrempée,
Que tantoft feroit colorée ;   20
Si lo que nous querre l'alon ;
Quar fe le fanc ert el talon,
Sel feroit-ele amont venir,
Et le vis vermeil devenir,
S'il a à Roen un mercier ;
Mais atant poons-nous marchier,
Qu'il n'a el monde fi tres fine,
Dit Brunatin, l'autre mefchine,
Et j'ay trois fols à vous prefter,
Si vous alez toft aprefter,   30
Et mettez errant à la voie,
Surete a prife la monoie,
Si s'eft vers Roem efmeüe,
A tout la poudre eft revenue

A ses deux compaignes qu'el trueve,
Si commencierent la bone œuvre
Le jor que la place dut estre,
A la luor de la fenestre,
D'une chambrette où els s'asistrent,
Dedens un test la poudre mistrent. 40
Dist Sucrée, Diex nous i vaille;
Més sachiez il covient sans faille
Que o pissat soit destrempée,
Je ne sui mie reposée,
Si me dueil de l'errer encore,
Si me covient reposer ore;
Mes fetes & j'esgarderai.
Dist Agace & je pisseral
Ou test, & ferai mon orine.
Dist Brunatin bele cousine, 50
Et je tendrai, bien atiriez
Le test que que pisserez,
Lors li tint desous & garde,
Et i prist au plus que pot garde,

Por

Por miex esgarder elo se plie;
Mais Agace ne pissast mie,
Se l'en la deust escorcier,
N'i pissast el sans efforcier,
Mes ele i a mise sa force,
En ce que Agace s'efforce, 60
Et un tres grant pet li eschape,
Por neent deust taillier chape :
Pet ist du cul & poudre vole.
Qu'est-ce deable, pute sole,
Dist Brunatin, qu'as-tu fet ?
Certes vez ci vllain meffet,
Toute as notre poudre souflée,
Ele m'est dusques es iex volée,
Si m'a enfumée trestoute.
Que passion & male goute 70
Te puisse ore en tes iex descendre,
Ça mes trois sols tu les dois rendre,
Jes aurai par sainte Marie.
Dist Agagée, je nel die mie,

Que je les vous rende par droit,
Que ne teniſtes pas à droit
Le teſt, que tenir deviiez
En droit le..., l'aviiez
En droit le cul, ſi meſſeiſtes
Que la poudre nous en toliſtes, 80
Et quant ele eſt par vous cheue,
Je di qu'elle eſt voſtre perdue.
Si convient que vous la rendez.
Diſt Brunatin or entendez,
Voſtre cul eſt ſi prés du...,
Que il n'eſt ſage ne bricon,
Qui i veiſt à paine marche,
Ce ſamble, le cop d'une hache,
Qui à un roont trou s'aboute,
Et vez ci ma reſon treſtoute. 90
Coment que je le teſt teniſſe,
Jamés la poudre ne perdiſſe,
Se ne fuſt voſtre ſouflerie,
Et quant vous l'avez hors jalie,

Je di que vous la devez rendre,
S'en oferai bien droit attendre,
Et en Romans & en Latin.
Bien puet eftre, dift Brunatin,
Mes quant vous ice faviiez
Que vous au piffier poirriiez, 100
Que doit que vous ne le deiftes,
Si fuffiez du domages quites,
S'euffiez dift voftre maniere,
J'euffe treft le teft arriere,
Mes vous nous avez deceues,
Et toutes nos colors perdues,
Et vilainement hors fouflées,
S'en devez rendre les denrées,
Ceft content n'eft ne bon ne gent,
Metons nous en fus bone gent. 110
Dift Brunatin, jel lo bien certes.
Et qui devra rendre les pertes ?
Ainfi ont la chofes atirée.
Damoifelle, fe dift Sucrée,

G ij

Que Diex vous doing mal femaine,
Laquelle me rendra ma paine,
De colors que j'ai aportées
Que vous avez au cul fouflées,
Qui perdra rende le domages,
Font-èles, & prenez bons gages 120
De chafcune, c'eft bien refon,
Tant que c'efte affaire apelon.
Si firent comme oï avez.
Seignor & Dames qui favez
De droit, jugiez fans delaier,
Qui doit cette poudre payer,
Cele qui tint le teft en l'uevre,
Ou cele qui foufla defeure.
Moult eft de gent quoique nufdie,
Qui bien ne pifferoient mie 130
En nul leu que il ne peiffent,
Et puis aprés, i ce piffent,
Si r'a grant force en teft tenir
En droit le .,., fans avenir

En droit le cul, ce n'eſt pas ſable
Or en dites droit convenable.

Explicit des trois Meſchines.

LA SAINERESSE.

D'UN borgois vous acont la vie,
Qui ſe vanta de grant folie,
Que fame nel poroit bouler.
Sa fame en a oï parler,
Si en parla priveement,
Et en jura un ſerement
Qu'ele le fera mençongier,
Ja tant ne s'i ſaura gueter.
Un jor erent en lor meſon
La gentil Dame & le preudon, 10
En un banc ſiſtrent lez à lez,
N'i furent gueres demorez.

Giij

Esvos un pautonier à l'uis
Moult coint, & noble fambloit plus
Fame que home la moitié,
Vestus d'une chainsse deslié,
D'une guimple bien safrenée,
Et vint menant grant posnée,
Ventouses porte à ventouser,
Et vait le borgois saluer   20
En mi l'aire de sa meson.
Diex soit o vous, sire preudon,
Et vous & vostre compaignie.
Diex vous gart, dist cil, bele amie.
Venez seoir lez moi icy.
Sire, dist-il, vostre merci,
Je ne sui mie trop lassée.
Dame vous m'avez ci mandée,
Et m'avez ci fete venir,
Or me dites vostre plaisir,   30
Cele ne su pas esbahie,
Vous dites voir, ma douce amie,

Montez là sus en cel solier,
Il m'estuet de voſtre meſtier.
Ne vous poiſt, diſt-ele au borgois,
Quar nous revendrons demanois,
J'ai goute és rains moult merveilloufe,
Et pour ce que ſui ſi goutouſe,
Meſtuet-il fere un poi ſainier.
Lors monte aprés le pautonier   40
Les huis cloſtrent de maintenant,
Le pautonier le prant eſrant,
En un lit l'avoit eſtendue,
Tant que il l'a trois fois .....,
Quant il orent aſſez joué,
F..., beſié & acolé,
Si ſe deſſendent del perrin,
Contreval les degrés enfin,
Vindrent eſrant en la meſon,
Cil ne fut pas fol ne briçon,   50
Ains le ſalua demanois,
Sire, adieu, diſt-il au borgois.

G iiij

Diex vous faut, dift-il, bele amie,
Dame, fe Diex vous beneie,
Paiez cele fame moult bien,
Ne retenez de fon droit rien,
De ce que vous ert en manaie.
Sire, que vous chaut de ma paie,
Dift la borgoife à fon feignor.
Je vous oi parler de folor, 60
Quar nous deus bien en convendra,
Cil s'en va, plus ne demora,
La poche aux ventoufes a prife,
La borgoife fe r'eft affife,
Lez fon feignor bien aboufée.
Dame, moult eftes afouée,
Et fi avez trop demouré.
Sire, merci por amor Dé,
Ja ai-je efté trop traveillie,
Si ne pooie eftre fainie, 70
Et m'a plus de cent cops ferue,
Tant que je fui toute molue,

N'onques tant cop ne fot ferie,
C'onques fanc en peuſt iſſir,
Par trois rebinées me priſt,
Et à chaſcune fois m'aſſiſt
Sor mes rains deux de ſes pecons,
Et me feroit uns cops ſi lons,
Tout me fui fete martirier,
Et ſi ne poi onques ſainier, 80
Grant cops me feroit & fovent,
Morte fuſſent mon eſſient,
S'un trop bon oignement ne fuſt.
Qui de tel oignement euſt,
Ja ne fuſt més de mal grevée,
Et quant m'ot demartelée,
Si m'a aprés ointes mes plaies,
Qui moult par erent grans & laies,
Tant que je fui toute guerie,
Tel oignement ne hai-je mie, 90
Et il ne fet pas à haïr,
Et ſi ne vous en quier mentir.

G v

L'oignement iſſoit d'un tuiel,
Et ſi deſſendoit d'un forel,
D'une pel moult noire & hideuſe,
Mais moult par eſtoit ſavoureuſe.
Diſt li borgois, ma bele amie,
A poi ne fuſtes mal baillie,
Bon oignement avez eu.
Cil ne s'eſt pas aperceu,   100
De la borde qu'elle conta,
Et cele nule honte n'a
De la lecherie eſſaucier ;
Portant le veut bien eſſaier,
Ja n'en fuſt paié à garant,
Se ne li contaſt maintenant.
Por ce tieng-je celui à fol,
Qui jure ſon chief & ſon col,
Que fame nel poroit bouler,
Et que bien s'en ſauroit garder,   110
Mais il n'eſt pas en ceſt païs
Cil qui tant ſoit de ſens eſpris,

Qui mie se peust guetier,
Que fame nel puist engignier,
Quant cele qui ot mal es rains
Boula son seignor primerains.

Explicit de la Saincresse.

DE LA DAMOISELLE
QUI SONJOIT.

UNE Damoiselle sonjoit
Que uns bacheliers qui l'amoit,
Vestus d'une cote de pers,
Venoit d'entor & de travers,
Et avoecques li se couchoit;
Ausi come en songes estoit,
En va celui en sa meson,
Si c'onques ne li a oi on.

Tant quist que il trouva son lit,
Gros avoit & quarré le ..., 10
Et moult ert cointes, liez & baut,
Il joint les piez & fet un saut
El lit où ele se dormoit.
Li pautoniers qui ... a roit,
La prent, & la corbe & l'enbronche,
Et cele dort tozjors & fronche,
Trois fois l'a ... en dormant,
Que ne se mut ne tant ne quant;
Mes aprés la quarte s'esveille,
Or orrez d'une grant merveille, 20
Les iex ouvri si le choisi,
Geté les poins, si le saisi,
Estes, fete-ele, vous estes pris,
Devant l'Evesque de Paris
Vous convient venir droiturier,
Qui vous fist mon pere depecier
Sans congié, quant je me dormoie,
Si me doint Diex que je revoie

Pere & mere que je aie,
Trop estes de male manaie, 30
Que si m'avez despucelée ;
Je ne serai mes mariée,
Mes or me faites autrestant,
Quant je veille come en dormant,
Quar je ne sai eu moie foi
Com vous getez les cops le Roy
Là où le mal aux Dames tient.
Je dormoie, ne m'en souvient,
Esploitiez tost je vos donrai
D'une mieue toile que j'ai, 40
Chemise & braie or endroit.
Male honte Diex li envoit
Qui ne gaaigne quant il puet,
Faites tost, car fere l'estuet.
Par foi, fait cil, ma douce amie,
Je ai bien vo requeste oïe,
Si le ferai, si m'aït Diex,
Tant que il vous en sera miex.

Lors l'avoit prise à la Torcoise,
Si le rembroche & si l'entoise, 50
Come baron d'iluec eschape,
Et cil lest corre, si le frape,
Mes ne vaut rien qui bien se tient.
Por nient, set-ele, ne vous crient,
Il n'aura garde à ceste enpointe,
Se estiiez encore plus cointe
Que vous n'estes de la moitié,
Por ce que vous estes pingnié,
Et je suis encontre ce blonde.
Pourquoi passastes-vous l'esponde, 60
Quant je me dormoie en mon lit,
Cuidiez-vous de vostre grant...
Avoir moi si estoutole,
Je sui encor saine & haitie,
Plus que vous au mien esclent,
Se contre vous ne me deffent,
Dont sui-je pire que ribaude,
Vous en aurez ja une chaude.

Or fetes toft, fi alez jus,
Je revoil ore aler defus, 70.
Ce n'eft pas ce m'eft avis honte,
Quant home faut fe fame monte.
Ainfi torna fon fonge à bien,
Autreffi face à moi le mien,
Et à ces Dames qui ci font,
Les premiers qu'elles trouveront
Soit autre tel, comme cil fu,
Moult leur feroit bien avenu.

Explicit de la Damoifelle qui fonjoit.

D'UNE PUCELLE QUI NE POOIT OÏR PARLER DE *** QU'ELLE NE SE PASMAST.

SEIGNOR oiez un novel conte,
Que mon flabel dit & raconte,
Que jadis estoit un Baron,
Qui moult estoit de grant renon.
Une fille avoit merveilleuse,
Et tant par estoit desdaigneuse,
Que ne pooit oïr parler
De ... ne de culeter,
Ne de rien qui à ce tornast,
Que maintenant ne se pasmast,   10
Moult en fu grant la renomée.
Un valet ot en la contrée,

Qui a oï les noveles,
A merveilles les tint à belles,
Et jure Deu à quoi qu'il tort,
Ne laira qu'il ne voist à cort
Pour foi deduire & depoſter.
Alez i eſt fans demorer,
Et quant ce vint aprés fouper,
Si commencerent à border, 20
Et conter de lor aviaus,
Leurs aventures, leurs fabliaus,
Tant que uns ... noma,
Et la pucele fe pafma.
Quant li valles la vit pafmée,
Tot maintenant gole bahée,
Se leſt cheoir come pafmez,
Et quant il fe fu relevez,
Et la pucele fu levée,
Mout en fu grande la rifée, 30
Et dient tuit par la maifon,
Qu'or a la pucele baron,

Car ele meifmes jura
Que ja mari ne per n'aura,
S'ele n'a celui qui fe pafme,
Car ele cuide bien & afine,
Qui foit auques de fa maniere;
A fon pere en a fait proiere,
Donez le moi biau pere chiers,
Fille, fet-il, moult volentiers. 40
Que vos feroie lonc fermon,
Lendemain le prift à baron,
Grant noces i ot & grant fefte,
Affés i ot parlé de gefte,
Et quant ce vint à la vefprée,
Si ont leur joie demenée,
Si les a l'en couchiez enfemble,
La Damoifelle ce me femble,
Li mift la main droit feur le pis,
Ice que eft, fet-ele, amis, 50
Douce, par fainte patenoftre,
Quanqu'il y a c'eft tot voftre,

Puis left fa main aval glacier,
Si a trouvé un ... moult fier,
Que cil avoit entre deux aines,
Moult bien froté à douze vaines,
Come bafton à champion,
Cros ert emmi & gros en fon.
Sire, pour Deu le Roi celeftre,
Dites-moi que ce puet ci eftre,   60.
Bele, fait-il, c'eft mes polains,
Qui moult pareft de grant bien plains,
Puis tafte avant fi a fentues
Unes grande ... velues,
Et qu'eft ceci par fainte Helaine ?
Douce, c'eft li fas à l'avaine,
Ne voille mie eftre defgarnis.
Sire, mout eftes bien appris,
Tot maintenant que cil l'oi,
Si le baifa & conjoi,   70.
Sa main li mift for la mamele,
Que ele avoit dureté & bele,

Amie, fet-il, qu'eſt ceci ?
Sire, c'eſt fruis, voſtre merci
Que je porte dedens mon ſain.
Puis leſt aval couler ſa main,
Si li miſt droit for le ponil,
Amie, qu'eſt ceci, fet-il ?
Par Deu qui fiſt & mer & onde,
C'eſt li plus biaus praiaus du monde,
Praiaus voir, par Deu c'eſt mon 80
Puis li met ſa mains ſus le . . .
Et qu'eſt ce ci, amie bele,
Sire, c'eſt une fontenele
Qui ſiet ci en mi mon praet,
Si i fait moult bien & moult bel,
Qu'ele eſt aſſiſe en un recoi,
Puis taſte avant plus lons un poi,
Si com avint par adventure,
Si trove une autre navreure, 90
Maintenant a ſa main retraite.
Ne doutez, ſire, c'eſt la guete

Qui la fontaine & le pré garde,
Mes ja por ce n'en arez garde
Que n'i puissiez bien amener
Vo polain pestre & abevrer.
Bele que dira donc la guete,
Qui la fontaine & le pré guete ?
Si se le trovez si sot
Qu'il en parost un tot seul mot, 100
Si le ferez emmi les dens
Du sachet où l'aveine est ens.
Quant il l'oï, s'en ot grant joie,
Maintenant la prent si la ploie,
En la fontaine mist sa beste
Trestot jusques outre la teste,
Quant la guete s'est parceus
Qu'il est honis & deceus,
Maintenant a deux cris gitez,
Oiez, douce, dist-il, oiez, 110
Oiez, dist-il, dou traitor,
Sire, por Deu le Creator,

Ferez, batez, botez, hortez,
Batez-le tant que l'ociez,
Si que l'eſtordiſſiez treſtot,
Que ne ſe face ſi eſtot.
Que vos feroi-je longue fable,
Par Deu le Pere Eſpi
Tant le bati, tant le frapa,
Que onques puis mot ne ſona, 120
Tant le bati, le las dolent,
Qu'il li fiſt l'alaine puant.

DE CELLE QUI SE FIST SUS LA FOSSE SON MARI.

DU tens que volentez me vient
De fable dire, me convient
Un conte, en leu de fable voir.
Un home qui de petit favoir
Ert en grant richece embatus,
Si com ses termes est venus,
Li prist mort en Flandres jadis,
Moult par fu & par fais & par dis
Sa fame de fa mort irie;
Que fame est moult toft airie   10
A plorer & à grant duel faire,
Quant ele a un poi de contraire,
Et toft a grant duel oublié.
Quant la Dame vit devié

Son seignor qui tant l'ot amée,
Sovent s'est chaitive clamée
De grant dolor mener se paine,
Et souvent chetive se claime,
Quel en a le.... le molle trové,
Si a moult bien son cuer prové, 20
Ce samble a toz vers son seignor,
Ains fame ne fist tel dolor.
Et quant ce vint à l'enterrer,
Dont oissiez fame crier,
Et veissiez mout grant duel faire,
Et poins detordre & cheveux traire,
Et si s'escrie de seur touz,
Prodon, bon hom où irez-vous,
Or vous met l'en en cele fosse,
Sire je remaing de vous grosse, 30
Qui garira l'enfant & moi,
Miex voil que morissons andoi.
Quant li cors fu en terre mis,
Dont s'escria à moult haus cris,

Si

Si se decire, & pleure & brait,
A la terre cheir se lait,
Si parent la reconfortoient,
A l'ostel mener l'en voloient,
Mais ele dit qu'ele n'iroit,
Ne james ne s'en partiroit   40
De la fosse morte ne vive.
Tant s'en escombat & estrive,
Que il l'ont lessié par anui
Avec li ne remaint nului,
Seul remest & sans compaigne
Esvos un Chevalier estraigne,
Lui & son escuier venoit,
Son chemin à l'autre tenoit.
La Dame vit illuec seoir,
Qui à trestot li sien pooir,   50
Destruit & essille son cors
Por son seignor qui estoit mors.
Vois-tu, dist-il à l'escuier,
Celle Dame là essillier

Son cors, n'a mie son cuer lié,
Certes mout en ai grant pitié.
Pitié, au deable vos tient,
Quant il li de pitié vos vient,
Je gagerai se vos volez,
Par si que de ci vos tornez, 60
Que ja à mout petit de plet,
Si dolente come ele se fait,
La... mais que vous traiez,
Et tel lieu que ne nos voiez.
Qu'as-tu donc, dit-il, maufez,
Je croi que Creftiens tu n'es,
Ains as ou cors le vif deable,
Quant contrové as or tel fable.
Eft-ce fable, je gageroie
Vers vos, si gager m'i ofoie. 70
Or i parra que tu feras,
Ja par moi veus n'i feras,
Repondre m'irai sous cel pin.
Cil defcent jus de son roncin

A la terre, & fait chiere morne,
Vers la Dame fa voie atorne,
Si dift en bas, non pas en haut,
Chier fuer, dift-il, Diex vous faut.
Saut, fet-ele, mes doinft la mort,
Que je fui vive à moult grant tort, 80
Que mes fires eft mors, mes maris,
Par cui, mes cuers eft fi marris,
Qui me gita de poureté,
Et me tenoit en grant chierté,
Si m'amoit plus que lui-meifme.
Suer, je fui plus dolent la difme.
Coment plus ? Je te dirai fuer,
Je avoie mis tout mon cuer
En une Dame que j'amoie,
Et affez plus de moi l'amoie, 90
Qui ere bele, cortoife & fage,
Ocife l'ai par mon outrage.
Ocife l'as ? Coment pechierre ?
En... voire, madame chiere,

H ij

Ne je ne voudroie plus vivre.
Gentil homs, vien ça fi delivre
Ceſt fiecle de moi, fi me tue,
Or t'en efforce & efvertue,
Et fi me fais fe tu pues pis,
Que tu ta fame ne feis, 100
Tu dis qu'ele fu morte à ...
Lors s'eſt leiſſié cheoir outre,
Auſi com s'ele fu paſmée,
Cil a la robe fus levée,
Si li embat el ... le ...
Si que fes fires bien le vit
Qui fe paſmoit de ris en aize.
Me cuides-tu donc tuer d'aize,
Fait la Dame, qui fi me ...
Ains tu deromperoies tous, 110
Que tu m'euſſes ainſi morte,
Ainſi la Dame fe conforte,
Qui ore demenoit tel duol,
Por ce tieng je celui à fol.

Qui trop met en fame sa cure.
Fame est de trop foible nature,
De noient rit, de noient pleure,
Dame aime & het en poi d'eure,
Tost est son talent remuez,
Qui fame croit, il est desvez. 120

Explicit.

LE JUGEMENT DES C***.

CIs fabliaus nous dift & raconte,
Qu'il ot jadis defous le Conte
De Blois un homme qui avoit
Trois filles, dont moult defiroit
Qu'eles veniffent à honor.
Eles aimoient par amor
Un bacheler moult bel & gent,
Qui eftoit moult de bone gent,
Mes il n'eftoit mie moult riches,
Et fi n'eftoit avers ne chiches,   10
Toutes trois lor fet bon femblant,
A chafcune avoit couvenant
Que il les prendra à moillier;
Toutes trois l'orent forment chier:

Or vous dirai de lor afere,
L'ainfnée ne fe pot plus tere ;
Ains dift à fa fuer qu'ele amoit
Un bacheler qui biaus eftoit.
L'autre refpont, qui eft-il dont ?
C'eft Robinés d'outre le pont,   20
Lafle ! dift-ele, mar fui née,
Quant ma fuer eft ainfi dervée,
Qu'ele aime celui qui m'amoit,
La male paffion te loit,
Dift la mainfnée, il aime moi.
Ainfi furent en grant effroi
Treftoutes trois pour un feul home.
Eftes vous venuz le preudome,
Qui peres eft aus damoifelles,
Et l'ainfnée des trois pucelles   30
Vint à fon pere ifnelement,
Et fe li dift cortoifement :
Peres je me vueil marier,
Se vous me voliiez doner

H iiij

Celui qui lonc tems m'a amée,
Trestoute en seroit honorée
Nostre gent & nostre lingnie ;
Fille, se Diex me beneie,
Dist li peres, tu as grant tort.
Voire ainçois me doinst Diex la mort,
Fet cele qu'aprés li fu née,   40
De celui sui trois tans amée,
De qui ele se vante & prise.
Dont serai-je ariere mise,
Dist la mainsnée, bien me vant
Que il m'aime plus durement
Qu'il ne fet nule de vous deux.
Li peres fu toz merveilleux,
Quant il les oï desresnier,
Forment se prist à couroucier.   50
Dist li peres, ce ne puet estre,
Ne jugeroit ne Clerc ne Prestre
C'un home eussiez toutes trois ;
Mes ainçois que passé li mois,

Me ferai de ce confeilliez.
Celes dient, or efploitiez,
Quar nous voudrons par tens favoir
Laquelle le devra avoir.
Li preudom ala au mouftier
Por meffe oïr, au reperier 60
Encontra fon frere Germain,
Si l'avoit faifi par fa main,
A confeil le tret d'une part.
Frere, fet-il, fe Diex me gart;
Mes freres es, & confeillier
Me dois, fe je en ei meftier.
Voire, dift cil que ce eft drois.
Frere, fet-il, moult grant defrois
Eft avenus en ma mefon,
Mes filles font en grant tençon, 70
Eles aiment un bacheler,
Treftoutes trois fans demorer,
Chafcune dift qu'elle l'aura.
Dift lor oncles bien i faudra

H v

Tele qui biau le cuide avoir,
Se puis exploitier par favoir.
　Li dui freres s'en vont enfamble
En la mefon, fi com moi famble,
Où les trois puceles eftoient,
Qui du vallet s'entremettoient. 80
Lor oncles les en apela,
Nieces, dift-il, or venez ça,
Si me dites voftre errement.
Les pucelles tout efraument,
Sont devant lor oncles venues,
Ne furent pas téfans ne mues,
Ains parlerent mout hautement.
L'ainfnée tout premierement
Li dift qu'ele avoit un ami,
Bel & cortois, & moult joli, 90
Et fi le voudra efpoufer.
L'autre ne fe volt plus celer;
Ainz dift, tu mens, voir je l'aurai,
Quar ainçois de toi l'acointai.

La mainfnée ne fet que dire,
Plaine eft de mautalent & d'ire,
Prent un bafton à fes deux mains,
Sa fuer en fiert parmi les rains,
Qu'à la terre la fet cheir
Lor oncles les va departir.   100
Nieces, dift-il, tenez en pais,
Li jugement fera ja fais,
Laquele le devra avoir ;
Et fi aura de mon avoir,
Cent fols de Tornois li donrai,
Et fon ami li liverrai,
Cele qui miex faura refpondre
A ce que je voudrai defpondre.
Celes dient communément,
Nous l'otroions moult bonement, 110
Demandez, nous refponderons.
Volentiers, ce dift li preudons.
Il apela de fes voifins,
Trois des plus meftres efchevins,

H vj

Por ce que jugaissent à droit,
De ce que chafcune diroit;
Primerain demanda l'ainfnée,
Niece, n'i a meftier celée,
Qui eft ainznez vous, ou vos ...
Oncles, par Dieu, & par fes nons,
Mes ... fi eft en bone foi,   125
Si m'aït Diex, ainznez de moi,
Il a barbe, je n'en ai point :
Se je ai refpondu à point,
Si jugiez droit & leauté.
Li efchevins ont efcouté
Ce que la pucele avoit dit.
Dont vint l'autre fans contredit,
Ses oncles la mift à refon,
Or me dites de voftre ...   130
S'il eft de vous ainfnez, ma niece ?
Oncles, dift-ele, de grant piece
Sui-je ainfnée que mes ...
Que j'ai les denz & grans & lonz,

Et mes... n'en a encor nus.
Or ne me contredic nus,
Robin, se je le dois avoir.
Or ont les deux dit lor savoir;
Si apela l'en la mains née,
Ses oncles l'a aresonée ; 140
Niece, fet-il, or me direz
Se vos... est de vous ainsnez,
Ou estes ainsnée de lui.
Oncles, dist-ele, por nului,
Ne lerai que ne le vous die,
Qui veut si le tiengne à folie.
Mes... est plus jones de moi.
Si vous dirai reson por qoi :
De la mamele suis sevrée,
Mes... a la goule baée, 150
Jones est & si veut aletier;
Or m'ose bien affichier
Que j'ai bone reson trovée.
L'ame de lui soit honorée,

Qui jugera ces moz à droiz.
Damoiselle par mon endroit,
Tel reson avez respondu,
Vous avez de trestout vaincu,
Li eschevin, si li ont dit,
Puis li donnent sans contredit   160
Celui qui lonc tans l'a amée.
Or voist querant par la contrée,
Se li jugement est bien foz.
Que Diex vous pardoinst vos meffez,
Se vous i savez qu'amender,
Je le vieng à vous demander.

Explicit li jugemens des ...

DU PESCHEOR DE PONT
SEUR SAINE.

JOï conter l'autre femaine,
C'uns peschieres de Pont seur saine
Espousa fame baudement,
Assez i prist vin & forment,
Et do vaches & dix brebis,
La meschinette & ses maris
S'entramoient de bone amor.
Li vallés alloit chafcun jor
Peschier en Saine en son batel,
Et si fesoit argent novel.   10
Toutes les fois que il peschoit,
Assez en vendoit & menjoit,
Et s'en pessoit moult bien sa fame,
Il estoit sire, & ele dame

De lui & de quanqu'il avoit,
Come preudom se maintenoit,
Et la .... au miex qu'il pot,
Qui ce ne fet, l'amor se tolt
De jone fame quant il l'a,
Ja bone joie n'en aura,   20
Quar jone fame bien peue,
Souvent voudroit estre ....

Un jor gissoient ci lor lit,
Au bacheler tendi le ...
Que il avoit & lonc & gros,
Au poing sa fame l'ot enclos,
Si nel senti ne mol ne vain;
Sire, dist-ele, plus vous aim
Que je ne faz Perrot mon frere,
Voire, par Dieu, plus que ma mere, 30
Ne que mon pere ne ma suer.
Je ne t'en croiroie à nul fuer,
Fet cil que tu m'amasses tant,
Come tu me fez entendant,

Ains cuit que tu le dis par guile.
Non fas, dift-ele, par faint Gile,
Je vous aim por ce que m'amez;
Vous me chauciez bien & veftez,
Et donnez affez à mengier,
Et fi m'achetaftes l'autrier   40
Bone cote & bon forcot bleu.
Tu m'ameroies, fet-il, peu,
Se plus ne te favoie fere,
D'aillors convient l'amor atrere,
Se je ne te .... bien,
Tu me harroies plus qu'un chien :
Je m'en effors por toi fouvent,
Ja fame por nul garniment
N'amera fi bien fon mari,
Com por fere ce que je di.   50

 Cele fift moult le grimouart;
Fi, fet-ele, que Diex me gart,
Que je vous aime por ce fere,
Moult m'anuieroit voftre afere,

Se le vous ofoie veer,
Ja ne vous lerōie bouter
Voftre longaigne de boiel.
Cuidiez-vous or qu'il m'en foit bel,
Ce eft la riens qui plus m'anuie,
Mengié l'euft ore une truie. 60
Mes que vous n'en euffiez mort.
Suer, dift-il, tu auroies tort,
Se j'avoie le ... perdu,
Il me feroit trop mefcheu,
Tu ne m'ameroies jamés.
Si feroie plus c'onques mes,
Fet cele qui volentiers ment,
Moult me poife quant je le fent,
Tel deable de pendeloche,
Qui entre les jambes vous loche, 70
Quar pleuft ore au vrai cors Dé
Que un chien en fuft enoffé.
Or ne fet fon mari dé voir,
S'ele ment, ou ele dift voir,

Tant c'un example li mouſtra,
Par qoi moult tres bien l'eſprova.
Il ſe leva un jor bien main,
Son aviron prent en ſa main,
Et priſt ſa roi & ſon truel,
Si s'en entra en ſon batel, 80
Et s'en r'ala peſchier en Saine,
Tant qu'il vint à la meſtre vaine
De l'eue qui eſtoit corant ;
Lors a veu venir flotant
Un Provoire qui ert noié ;
Si vous dirai par quel pechié.
Uns Chevalier le meſcreoit,
Qui por ſa fame le haoit,
S'en fu eſpris de jalouſie,
Tant le gueta, & tant l'eſpie, 90
Que il trova la char jumèle,
Le maſle deſcur la femele
Trova enſamble nu à nu,
Cil faut en piez le... tendu,

En l'eue failli qui ert grant,
Noier le convint maintenant,
Mes onques nul lieu n'arefta,
Et li pefchieres le trova.
Aufi toft come il à lui vint,
De fa fame lors li fouvint, 100
Qui dift que rien ne haoit tant,
Qui fuft en ceft fiecle vivan,
Come ele fefoit fon oftil.
Le ... rez à rez du poinil
Li a à fon coutel trenchié,
Puis l'a bien lavé & torchié,
Si l'a mis dedens fon giron.
Atant come il ot de poiffon,
S'en vint en fa mefon arriere,
Si a fet une tele chiere, 110
Come s'il deuft lors morir.
Sa fame le cort conjoïr,
Et li dift, fuer tré te en la,
Jamés mon cuer joie n'aura,

Quar je fui mors & mal bailli,
Troi Chevalier m'ont affailli,
Où ne trouvai nule merite,
Fors qu'il me miftrent à eflite;
Il me diftrent que je perdroie
Lequel membre que je voudroie. 120
S'il me toliffent la veue,
Tote joie euffe perdue,
S'il me trenchaiffent les oreilles,
Li mons en parlaft à merveille,
Je dis c'on me copaft le ...
Por ce que tu avoies dit
Que tu n'en avoies que faire.
Le ... a geté enmi l'aire,
Et cele l'a bien regardé,
Si le vit gros & bien carré, 130
Et conuft bien que c'eftoit ...
Fi, fet-ele, come fet defpit,
Diex vous envoit corte durée,
Or n'eft-il riens que je tant hée,

Come je faz le cors de vous.
Certes ores departirons-nous.
Quoi bele fuer ja deis tu,
Se j'avoie le ... perdu,
Que tu ne m'en harroies ja,
Je me merveil coment va. 140
Encore dift-ele, di-je bien,
Qu'il ne me chaut de voftre rien,
Se de voftre mauveftié non ;
Jamés enfamble ne girron.
Une bajaffe ot amenée
Qui eftoit de la vile née,
Ne fai fa niece ou fa coufine,
Ele l'appelle Yfabeline,
Cueil ces vaches par ce porpris,
Maine-les par cel poftis, 150
Je m'en irai par l'uis derriere.
Il y avoit une faviere
Qui ja eftoit toute coffée.
Oiez de quoi s'eft porpenfée.

Ele en apele Yſaberon,
Bele nieçe fai bon giron,
Eſlis de ces plus beles coſſes,
Et je cueillerai des plus groſſes,
Si en emplirai tout mon ſain,
Ja n'en leroie une au vilain,   160
Se les en peuſſe porter.
Cil le comence à r'apeler,
Douce amie quant je toi priſe,
Je te promis en ſainte Ygliſe
Que je te porteroie foi,
J'ai bien vingt-ſix ſols ſor moi,
Vien avant, pren en la moitié,
G'i cuideroie avoir pechié,
Se je t'en toloie ta part,
Vien avant, & ſi les deſpart,   170
Pren la moitié, l'autre me leſſe,
Et cele contre val s'abeſſe,
Se li cerche entor le braier,
Si a trové un ... ſi fier,

Qui en ſes braies li pantoiſe,
Ele le paumoie & souſpoiſe,
Si le ſenti & dur & chaut,
De joie toz li cuer li faut.
Qu'eſt-ce, diſt-ele, que je ſent ?
C'eſt mon ... diſt-il, qui me tent,
Itel come je ſoloie avoir,   181
Gabez me vous ? ainz vous di voir,
Coment vous eſt-il revenu ?
Ja l'a Diex fet par ſa vertu,
Qui ne voloit mie, ce croi,
Que tu te partiſſes de moi.
Lors le comence à acoler,
A beſier, & à langueter,
Et tint la main au ... tozdis.
Ha ! biaus frere, biaus douz amis,
Vous m'avez hui eſpoentée,   191
Onques puis l'eure que fui née,
Ne fu mon cuer plus à mal aiſe,
Tout maintenant l'acole & baiſe.
                                            Ele

Ele r'apele sa chambriére,
Ramaine les bestes arriere,
Ele li crie à grant alaine,
Ramaine les bestes, ramaine;
Me sire a son ... recouvré,
Nostre Sires i a ouvré.   200
Seignors, fols est qui fame croit,
Fors tant come il l'ot & la voit.
Je di en la fin de mon conte
Que s'une fame avoit un Conte,
Le plus bel & le plus adroit,
Et le plus alosé qui soit,
Et fust Chevaliers de sa main,
Meillor c'onques ne fu Gauvain,
Portant que il fust escoillié,
Tost le voudroit avoir changié   210
Au pior de tout son ostel;
Portant qu'ele le trovast tel,
Qu'il la ... . tost & souvent.
Se Dames dient que je ment,

Souffrir le vueil, atant m'en tais,
De m'aventure n'i a mais.

*Explicit du Pescheor du Pont
seur Saine.*

DE LA GRUE.

JADIS estoit uns Chastelains,
Qui n'estoit ne fols ne vilains;
Ainz ert cortois & bien apris.
Une fille avoit de haut pris,
Qui bele estoit à desmesure,
Mes li Chastelains n'avoit cure
C'on la veist, se petit non,
Ne que à lui parlast nus hom,
Tant l'avoit chiere, & tant l'amoit,
Que en une tor l'enfermoit; 10

N'avoit o lui que fa norrice,
Qui n'eſtoit ne fole ne nice,
Moult l'avoit bien endoctrinée.
Un jor par bone deſtinée;
Vout la norrice appareillier
A la damoiſelle à mengier,
Si li failli une eſcuelle,
Tout maintenant s'en corut cele
A l'oſtel qui n'eſtoit pas loing,
Va querre ce dont ot beſoing.   20.
L'uis de la tor ouvert leſſa.
Atant uns vallés treſpaſſa
Par devant la tor, qui portoit
Une grue que priſe avoit;
Si la tenoit en ſa main deſtre,
La pucele ert à la feneſtre,
Por eſgarder hors ſe deporte,
Le vallet qui la grue porte
Apele, & li diſt, biau douz frere,
Or me di par l'ame ton pere;   30
I ij

Quels oifiaus eft-ce que tu tiens,
Dame, par toz les Sainz d'Orliens,
C'eft une grue gente & bele.
En non Dieu, dift la damoifelle,
Ele eft moult grans & parcreue,
Se je n'en fuffe mefcreuè,
Je l'achetaiffe ja de toi;
Ma damoifelle, par ma foi,
Se la volez jel vous vendrai.
Or me di donc que t'en donrai. 40
Dame pòr un .... foit voftre,
Foi que doi faint Pierre l'Apoftre,
Je n'ai nul .... por changier,
Ja ne t'en feiffe dangier
Se l'euffe, fe Diex me voie,
Maintenant fuft la grue moie.
Li vallés dift, ice eft gas,
Ice ne croiroi-je pas,
Que vous .... à plenté n'aiez;
Mes fetes toft, fi me paiez: 50

Cele dift fe Diex li aït,
C'onques encor .... ne vit.
 Li vallés fu preus & cortois,
En la tor entre demanois,
Semblant fet de querre par tout,
Dame, fet-il, je me redout
Qu'il ne foit fous voftre pelice.
Cele qui fu & fole & nice,
Li dift, vallet, vien, fi efgarde,
Et li vallés plus ne s'i tarde,   60
Ainz embrace la damoifelle,
Qui moult eftoit & gente & belle,
Sor un lit l'a couchie & mife,
Si li fouflieve la chemife,
Les jambes lui leva en haut,
Au ... trover mie ne faut,
Son ... i bouta roidement,
Vallet tu quiers trop rudement,
Fet la pucele qui foufpire,
Et li vallés comence à rire,   70

Qui moult ert liez de la befoingne.
Dame, or eſt droiz que je vous doingne,
La grue eſt voſtre toute quitte.
Tu as bone parole dite,
Fet la pucele, & ſi s'entorne,
Si la leſſa penſive & morne,
Et s'en iſſi de la tor fors,
Et la norrice i entra lors,
Qui la grue a aperceue.
Toz li fans li fremiſt & mue, 85
El l'apela toſt & iſnel.
Qui aporta ci ceſt oiſel,
Damoiſelle, dites-le-moi ?
Ma bele mere, par ma foi,
Je l'ai d'un vallet achatée,
Qui ceens le m'a aportée.
Qu'en donates ? un .... Dame,
Il n'en ot plus, foi que doi m'ame
.... chetive, dolereuſe,
Com par ſui or mal eureuſe, 90

Cent mal dehais ait hui ma goule,
Qui bien refemble un preau doule,
Quant onques menjai en ma vie;
Or ai-je bien mort defervie,
Et je la recevrai par tans.
A poi n'eſt iſſue du fans
La norrice, ſi s'eſt paſmée,
Et ne pourquant ſi a plumée
La grue, & bien appareillie,
Et diſt ja n'i fera aillie, 100
Ains en voudra mengier au poivre,
Quar ſouvent a oï mentoivre,
Et dire & conter en maint leu,
Que domage qui bout au feu,
Vaut miex que cil qui ne fet aife
Cui que foit bel, ne cui defplaife,
La grue atorna bien & bel,
Puis s'en reva querre un coutel,
Dont ele dut ouvrir la grue.
Et la pucele eſt revenue 110

A la feneftre refgarder,
Le vallet prift à rappeller;
Vallet, dift-ele, venez ça,
Ma norrice fe courrouça
De ce que mon .... emportaftes,
Et voftre grue me leflaftes;
Biau fire venez le moi rendre,
Ne devez pas vers moi mefprendre.
Li vallés tantoft monte fus,
La damoifelle geta jus, 120
Et entre les jambes li entre,
Se li remet le .... ou ventre,
La grue n'a pas oubliée,
Ains l'en a avoec lui portée,
Et s'en iffi de la tor fors.
Et la norrice i entra lors,
Qui la grue vaut enhafter.
Mere ne vous chaut de hafter,
Si m'aïft Diex que cil l'enporte
Qui s'en eft iffus par la porte, 130

Deff.... m'a je vous di.
Quant la norrice l'entendi,
Lors fe debat & fe deveure,
Et dift que maudite foit l'eure
Qu'elle eft hui de la tor iffue,
Quant fa fille lui ont....
Laffe ! porqoi l'oi-je en garde,
C'or en ai fet mauvefe garde.
Je meifmes li ai fet leu,
La male garde peft le leu. 140

Explicit le fabel de la Grue.

DU SOT CHEVALIER.

Puisque je me vueil amoier
A rimer, & à fabloier,
Dont vous doi je fere savoir,
S'il a en vous point de savoir,
Tout sans mesfiez & sans mesdiz,
D'une aventure qui jadis
Avint en la forest d'Ardane,
A quatre liues prés d'Otane,
Si vous dirai tost & briefment
La fin & le commencement.   10
En la forest ancianor
Avoit manant un vavassor,
Qui moult estoit bien herbergiez,
D'une part estoit ses vergiers

Qui toz ert d'arbres esleus,
Moult eſtoit preciex cil lieus;
Quant ce venoit au nouviau tans.
D'une part eſtoit ſes eſtans,
Qui toz eſtoit plains de poiſſons,
Moult ert ſires de venoiſons,   20
S'avoit ſes chiens & ſes oiſiaus,
Moult ert ſires & damoiſiaus
De tos les biens que terre porte,
Son molin ert devant ſa porte,
Se il fuſt ſages & ſenez,
A grant avoir fuſt aſſenez;
Mes tant eſtoit ſos par nature,
Qu'il n'ooit dire creature,
Qu'il ne deiſt maintenant
Plus de cent fois en un tenant,   30
Quar ſotie l'ot deceu,
N'onques n'ot à faine geli,
Ne ne ſavoit que... eſtoit,
Ne porquant loé li eſtoit,

I vj

Por ce qu'il ert de haute gent,
Et richés d'avoir & d'argent,
Li ont fi ami fame quife.
Quant il l'ot efpoufée & prife,
Si le tint plus d'un an pucele.
Moult en pefa la damoifelle, 40
Qui vaufift fes deduis avoir,
Mes cil n'avoit tant de favoir,
Qu'il feuft au ... adrecier,
Né le pucelage percier,
Ne porquant l'avoit-il tenue
Par maintes fois treftoute nue,
Tant ert ele à greignor mefaife,
Quant ele fentoit la pafnaife,
Sor fes cuiffes & for fes hanches
Qui erent moult fouez & blanches,
Quant el ne pot mes confentir 50
De fi fete chofe fentir.
Sa mere mande & ele vint.
Or oiez coment li avint,

Ele li conta tout l'afere
Que ses sires li soloit fere ;
Sa mere moult bien s'aperçoit
Que sa folie le deçoit.
Le Chevalier prent par la main,
Ne sai la nuit ou lendemain,   60
Si l'enmena dedens la chambre,
Qui toute estoit celée à l'ambre,
Si a ses cuisses descouvertes,
Et puis a les iambes ouvertes,
Se li montra dant Conebert,
Puis li a dit, sire Robert,
Veez nul rien en cest val
Ne contre mont, ne contre val ?
Oïl, Dame, dist-il, deux traus.
Amis com fais est li plus hauz ?   70
Il est plus lons qu'il ne soit lez.
Et com fais est cil par d'alez ?
Il est plus cours, ce m'est avis.
Cardez là ne voist vostre....

Quar il n'eſt pas à cel oés fais,
Qui ... i met, c'eſt grant meffais,
On le doit ou plus lonc bouter,
Aprés ſi doit-on culeter;
Et quant ce vient au daarains,
Adonc doit l'en ſerrer les rains.   80
Dame, diſt-il, volez-vous donc,
Que mete mon ... au plus lonc?
Nenil, amis à ceſte fois,
Il vous eſt or mis en defois,
Quar ma fille en a deux plus biaus,
Et plus fouez & plus noviaus,
F .... le plus lonc anque nuit,
Coment qu'il vous griet & anuit,
Dame, diſt-il, moult volentiers,
Ja n'en ira li traus entiers,   90
Que s'enprés n'i mete m'andoille.
Et que ferai-je de ma ... ?
Amis le plus cort en batez,
Quant vous au lonc vous combatez;

Atant la Dame se recuevre,
Et li Chevaliers la chambre œvre,
Puis va à loi de non sachant,
Le lonc & le cort maneçant.
　La nuit leva un grant orez,
Issi come dire m'orrez ; 100.
Ou bois esraçoient li arbre,
Et cheoient les tors de marbre.
A cele eure estoient ou bos,
Devers cele terre de los,
Sept Chevaliers cortois & sage,
Qui porté orent un message,
Ou bois estoient esbahi,
Et tuit dolent, & tuit mari,
Vers la meson au Chevalier
Vienent fuiant tuit estraier, 110
Li uns en est devant alez,
Qui estoit de Saint Eron nez ;
Le pont & la porte trespasse,
Qui n'estoit ne poure ne basse ;

Ainz eſtoit haute & bien coverte,
Et la meſon eſtoit ouverte,
Leens vint treſtoz eſleſſiez
Par l'uis qui ert ouvers leſſiez,
La Dame & le Seignor ſalue,
Puis a ſa reſon deſpondue, 120
L'oſtel vous requiert & demande,
Avoec cels qui ſont en la lande,
Li Chevaliers a reſpondu,
Tantoſt come il l'a entendu,
Ja mes oſtels n'ert eſcondis,
Bien ſoiez-vous venus tozdis,
Vous avant & li autre aprés,
Sont vos compaignons auques prés.
Alez les eſraument haſter.
Donc recomence à rioter, 130
Et diſt li plus lons ert . . . . . ,
Et li plus court ſera batus.

Quant li vallés l'ot & entent,
Plus n'i aréſte ne atent,

Ses compaignons le cort toſt dire,
Treſtoz dolens & toz plains d'ire;
Seignor, diſt-il, je ai trové
La ſus un erite prové;
Il diſt qu'il vous herbergera,
Et aprés vous ledengera,   140
Et ſi .... le plus lonc,
Et ſi batera le plus cort.
La ot un Chevalier moult grant,
Qui ot non Gales de Dinant;
Seignor, diſt-il, je ſai aſſez
Que tous vous ai de lonc paſſez,
Je n'irai mie à cel erite,
Qui en tele œvre ſe delite,
Miex voudroie eſtre en crois tondus,
Que je fuſſe d'ome   150
Là ot un Chevalier de Tongres,
Qui ot à non Pierres li Hongres;
Seignor, diſt-il, je n'irai mie,
A ſi tres vilaine envaie,

Je fai bien je fui li plus cors,
Ja n'i averoie fecors,
Que je ne fuffe laidengiez,
Ja n'i feroie revengiez ;
Or remanons andui ça fors,
Encore foit li orages fors,　　　　160
Li autres dient à un ton,
Seignor ne vous vaut un bouton,
Nous le ferons miex autrement,
Ce fachiez, & plus fagement :
Quant nous feromes tuit venu,
Li plus cort voifent eftendu,
Et li plus lonc voifent crampi.
Et fi foient treftuit crampi.
Ainfi l'ont entraus creanté,
Atant font en la cort entré,　　　　170
Puis font venu en la mefon,
Où li feus ardoit de randon,
Quar li yvers eftoit moult frois ;
Lors defcendent les palefrois ;

Mais ains que chafcuns fa chape ofte,
Ont falué hautement l'ofte :
Il refpont, Seignor, Diex vous faut.
A ceft mot la mefnie faut,
Qui lor corurent aus eftriers,
Et s'ont receu les deftriers ;   180
Et cil fe font vers le feu trait,
Gales li lonc fe fift contrait,
Et Pierres vint for les ortaus,
Si s'eft affis feur un heftaus.
Ainfi furent à grant dangier
De fi à l'eure de mengier,
Que li mengiers fu atornez,
Puis fu aus tables aportez,
Et li Baron fe font affis.
Gales li lons fu moult penfis.   190
A premiers orent pois au lart,
Et puis deux & deux un malart,
Si orent haftez & lardez,
Et fi orent moult bons paftez,

Bon vin burent, & fort & roit,
Ce m'eſt avis d'Auçoirre eſtoit,
Plaine uné bout de trois ſiſtiers,
S'en remeſt deux bouclaus entiers,
Que cil avoient aporté,
Qui moult erent deſconforté. · 200
Quant ont mengié par grant delit,
Adonc ſi furent fet li lit,
Si ſe couchierent li Baron.
Entre la Dame & ſon Baron,
En ſont dedens la chambre entré,
Ains qu'il aient le ſueil paſſé,
Li Chevaliers s'eſcrie en haut,
En charité, Dame Mehaut,
Je me voudrai anuit combatre,
Le plus lonc .... & le cort batre,
Se g'i puis adroit aſſener.   211
Gales comence à forſener,
Qui la nuit cuide .... eſtre,
Et Pierres qui jut à ſeneſtre,

Cuide moult bien qu'il le manace,
Et que il durement le hace,
Et cil ne s'asseure mie,
Qui va gesir jouste s'amie,
Si le comence à descouvrir,
Puis li fet les jambes ouvrir,   220
Si a une chandoile prise,
Trestoute ardant & toute esprise,
Se li esgarde entre les jambes,
Qui erent moult souez & blanches,
Quant il ot les deux traus trovèz,
Si a parlé come fols provez,
Ma douce suer, amie chiere :
Ces deux traus vous fist un lechiere,
Je cuit qu'il voudroit se gloutir,
Pór ma chandoile transgloutir.   230
Il sont de moult bele façon,
Bien ressemble œvre de maçon,
Quant les fist fere vostre mere,
Les fist-ele aus siens contrefere,

Li sien me samble plus velu,
Et plus noir & plus chavelu,
Cist sont plus bel, si com moi samble,
A poi qu'il ne tiennent ensamble.
   Lors respondi la bele née,
Biau dous sire, ainsi sui-je née.   240.
Atant est la chandoile estainte,
Au mur où ele estoit estrainte,
Puis a les deux traus mesurez ;
Il ne fu mie si deryez,
Que tant ne l'ait traite & tracié ;
Qu'il a la piaucele percié,
Si a tant hurté & empoint,
Que la chose est venue à point,
Et que li fols fist la besoigne,
Si com li fabliaus nous tesmoigne, 250.
Plus de trois fois en un randon,
Quar toz li fu mis abandon,
Et li harnas, & li ostis,
Qui moult estoit entalentis.

La Dame li a tantoſt dit :
Sire, ſet-ele, ſoif m'ociſt,
Se vous ne m'aportez à boire,
Ja me verrez morir ce croire,
Là ot er ſoir un boucel mis,
Ne ſai s'il eſt plains ou demis,   260
Mes vin i a de fi le ſai,
Ne ſai ou d'Aucoirre ou d'Auſſai,
Por Dieu, biau ſire, aportez m'ent,
N'i metez mie longuement,
Dont recomence un poi à muire,
Cil crient que ſa moillier ne muire,
Moult fu de mautalent eſpris,
En ſa main a un hanap pris,
De ſi au feu en eſt venus,
Treſtoz deſpoilliez & toz nus,   270
Puis a pris un maneſle cort,
De quoi li bouvier de la cort
Appareilloient lor atoivre,
Ce doit l'en moult bien ramentoivre,

Un peu a le feu defcouvert,
Le cul Galon a defcouvert,
Qui fe dormoit toz aïrez,
Et li cuz ert efchequerez,
Autrefi grans come un portaus,
Il cuide ce foit li bouciaus   280
Qui la geuft en mi la voie;
Mes une chofe le defvoie,
Qu'il n'en fet mie deffermer,
Ne le vin trere ne ofter.
Or efcoutez du vif maufé,
Il a le manefle chauffé,
Aufi com li bouvier fefoient,
Quant lor harnois appareilloient,
Puis eft au veffel reperiez,
Où il n'avoit ne vin ne miez,   290
Tant durement le fiert & boute,
Que li fos toz en efclaboute
Du fanc qui par la plaie faut.
Gales tresfremit & treffaut,

Si

Si s'escria à haute vois,
Or fus, or fus, car je m'en vois,
Cil erites m'a acueilli.
Dont font fi compaignon failli,
Quant il oïrent la befcouffe,
Et li fos a fa main efcouffe,   300
De quoi il tenoit le fer chaut,
Aval la rue, ne li chaut,
Si fiert Pietron lez le cofté
C'une gran' piece en a ofté,
Et cil s'en tornent fans congié,
Mes il s'en fuffent bien vengié,
Se ne fuft la mere la Dame,
Qui moult ert fage & bone fame,
Ele tout l'afere leur conte,
Si leur a conté le conte,   310
Et leur fift favoir & entendre
Que nus hom ne doit fot atendre,
Quar fouvent en avient grant maus,
Li cus Galons en fu vermaus,

Et Pierre en ot une trace,
Dont li fans remeſt en la place;
Et li fos ot appris à ....,
A ceſt mot eſt mon fabel outrè.

Explicit du ſot Chevalier.

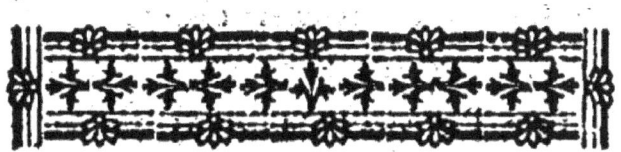

DU FEURE DE CREEIL.

OR entendez un petitet,
N'i ferai mie grant abet.
Uns feures manoit à Creeil,
Qui por battre le fer vermeil,
Quant l'avoit tret du feu ardant,
Avoit aloué un ſerjant,
Qui moult eſtoit preus & legiers.
Li vallés avoit non Gautiers,

Moult ert deboneres & frans,
Les rains larges, grailes les flans, 10
Gros par espaules & espés,
Et si portoit du premier més
Qu'il convient aus Dames servir;
Quar tel... portoit sans mentir,
Qui moult ert de bele feture,
Quar toute i ot mise sa cure
Nature qui formé l'avoit,
Devers le retenant avoit
Plain poing de gros & deux de lonc;
Ja le treus ne fust si bellonc, 20
Portant que dedens le meïst,
Qu'aussi roont ne le feïst;
Com s'il fu fais à droit compas,
Et des maillaus ne di-je pas
Qui li sont au cul attachié,
Qu'il ne soient fet & taillié
Tel com à tel ostil convient,
Tozjors en aguisant se tient,

Por retrere delivrement,
Et fu rebraciez enfement, 30
Come moines qui gete aus poires;
Ce font paroles toutes voires,
Rouges come oingnon de Corbueil,
Et fi avoit fi ouvert l'ueil,
Por rendre grant plenté de feve,
Que l'en li peuft une feve
Lombarde tres parmi lancier,
Que ja n'en laiffaft fon piffier,
De çe n'eftuet-il pas douter,
Ne que une oue à gorgueter, 40
S'ele euft mengié uu grain d'orge.
Li vallés qui maintlent la forge
D'une part avoec fon feignor,
Ne peuft pas trover meillor
En la vile de ce meftier,
Bien ot efté un an entier
Avoec le fevre li vallés,
Que de lui fervir eftoit prés.

Un jor avint qu'il fu a roit,
Et que son ..., fort li tendoit,   50
Ses sires le trova pissant,
Et vit qu'il ot un ... si grant,
De tel façon & de tele taille,
Que je vous ai conté sans faille,
Et pensa se sa fame set,
Qui tel ostil mie ne het,
Come Gautiers lor serjant porte,
Ele voudroit miex estre morte,
Qu'ele ne s'en feïst doner.
Partant la voudra esprouver,   60
A sa fame vient, si a dit,
Dame, fet-il, se Diex m'aït,
Je ne vi onques si grant membre
Que je sache, ne que moi membre,
Come a Gautiers nostre serjans,
Quar se se fust uns grans jaians,
Si en a-il assés par droit,
Merveille est quant il est à roit,

Je le vos dit tout fans falofe.
Quar parlez à moi d'autre chofe, 70
Fet cele, cui femble qu'ele hée
Ce dont ele eft fi enbrafée;
Quar par la foi que je vos doi,
Se plus en parlez devant moi,
Je ne vous ameroie mie,
Tel honte, ne tele vilonie
Ne devroit nus preudom retrere.
Li feures ne s'en vout pas tere
De loer le . . . au vallet,
Plus que devant s'en entremet, 80
Et dift qu'en tel oftil ourer,
Ne fot miex nature efprover
Qu'en rien que que de onques feift,
Dame, fet-il, fe Diex m'aït,
Onques mes hom de mere nez,
Ne fut de . . . fi racinez,
Dame, fet-il, come eft Gautiers,
Je croi qu'il . . . moult volentiers.

Sire, fet-ele, à moi que touche,
Qui bien savoit dire de bouche 90
Le contraire de son corage,
Mes moult bien pert à son visage,
Que sovent color mue & change,
Ja de sens ne fust si estrange,
Home qui garde s'en preist,
Qui bien ne seust & veist
Que talent en ot fort & aspre.
Une heure est plus blanche que nape,
Autre eure plus rouge que seus.
Certes moult estes anuieux, 100
Qui si parlez vilainement,
Je vous avoie bonement
Proié que vous vous teüssiez,
Bien tere vous en deussiez.
Ma Dame puisque il vous plest,
Je m'en tairai, atant se test,
Or laist ceste parole ester.
Dame, fet-il, sans arrester,

M'en irai à saint Leu demain,
Prenez du feu, fetes à plain   110
Gautier noſtre ſerjant ouvrer.
Or faiſoit ſemblant de l'errer,
Si s'eſt fous la forge repus.
La Dame s'eſt levée ſus,
Et prent du feu, porte à Gautier,
Et cil comença à forgier,
Qui moult fu ſages & foutis.
Gautier, fet-ele, tes oſtis
Eſt-il ore tels que l'en dit,
Quant eſt à roit, ſe Diex t'aït, 120
De la beſoigne fere. prés ?
Teſiez Dame, fet li vallés,
Qui grant honte a & grant vergoingne,
Parlez à moi d'autre beſoingne,
De ce ne vous rendrai-je conte.
Par Dieu, fet-ele, riens ne monte,
Quar il eſtuet que je le voie,
Or endroit ſans point de delaie,

Par convent que mon ... verras,
Ses tu quel loier en auras, 130
Chemifes & braies deliées,
Bien coufues & bien tailliées.

Quant li vallés ot la promeffe,
Si trait le ..., dont une aneffe
Peuft bien eftre vertoillie.
Cele qui eftre en veut brochie,
Se defcuevre jufqu'au nombril,
Gautier, fet-ele, à ton oftil,
Fai mon ... befier une fois,
Quar il eft bien refon & drois, 140
Ne s'entrevirent onques més,
Si prendront l'uns à l'autre pés.
Li ... fu roide comme pel,
Si atafta s'il i ot fel,
Et fi fu prés de hurter ens.
Mais li feures ne fu pas lens,
De derriere la forge eft faillis,
Et s'efcria à moult hauz criz;

Sire vaſſal, traiez en fus,
Par mon chief, vous n'en ferez plus
Que fet avez, voſtre merci, 151
Ne remaint pas en vous, n'en li;
Que grant honte ne m'avez faite ;
Voſtre ſervices ne me haite,
Ne ne me pleſt d'ore en avant ;
Alez-vous-en, jel vous comant,
Que vous n'entrez jamés ceens.
Gautiers s'en part triſte & dolens ;
Et la Dame remeſt penſſive,
Et li ſires ali eſtrive ; 160
Par Dieu, fet-il, de grant ardure,
Vous venoit & de grant luxure,
Vous ne le poëz pas noier,
Que vous voliez bien que Gautier
Leſſaſt les œuvres de ſes mains,
Por marteler deſus vos rains,
Ja en aurez vo guerredon.
Lors avoit pris un grant baſton ;

ET CONTES.

Si la vous commence à paier,
Si que les os lui fet ploier, 170
Se li a tant de cops donez,
Qu'il est sor li trestoz lassez.
Par cest example voil moustrer
C'on doit ainçois le leu huer,
Des bestes qu'il i soit venus,
Se li feures se fust teüs,
Que Gautiers eust bonté ens,
La Dame eust fet ses talens.
A cest mot finiront no conte. 179
Que Diex nous gart trestoz de honte.

Explicit du Feure de Creeil.

228 FABLIAUX

CI APRES COMMENCE D'UNE
DAMOISELE QUI ONQUES POUR
NELUI NE SE VOLT MARIER,
MAIS VOLT VOLER EN L'AIR.

D'UNE Damoisele vos veul
Conter, qu'onques ne virent œul
Plus bele riens com ele estoit,
Et de bonté grant los avoit
De riches Clers, de Chevaliers,
Et de bourgois & d'escuiers
Estoit souventes fois requise,
Mais ne vouloit en nule guise
De nul parole escouter.
Un jor dit que voloit voler   10
Volentiers parmi l'air lassus,
Si bien com uns oisiax ou plus,

Eles li fist un damoisiax
De cire & de pennes d'oisiax,
Es bras & ens costes li mist,
Et bien sachiés moult s'entremist
De li cointement atorner,
Mais ains por ce ne pot voler.

 Uns Clers li dist, ce ne vaut rien,
Damoiselle ce sachiez bien   20
Qu'il vous convendra atorner,
Autrement se voulez voler,
Nus oisiax sens coe ne vole.
Je croi moult bien ceste parole,
Fait la pucele, & ce l'otroy,
Qui la fera, dites le moy?

 Dame, ce dist li Clers, je sui,
Se vous comandez encor hui,
Tout prés de faire vo servise,
Bel & bien à vostre devise,   30
A voler bien vous aprendrai,
Car l'art dou faire bien en sai,

Bec, eles, & coc vous faut,
Pour vous faire voler en haut,
Et bien les convient attacher,
Por vos en l'air faire voler.
Tout dui en la chambre entrerent,
Et l'uis fur aus moult bien fermerent,
Li Clers en un lit la coucha,
Et par maintefois la baifa. 40
Ele demanda que c'eftoit,
Cift dift que li bec li faifoit,
Et puis la corut acoler,
Pour li faire pluftoft voler,
Et l'ambraffa eftroitement,
Et reftraigni faitifement,
Moult fe paine de plaire à li,
Por avoir le folas de li.
Cele demande qu'il faifoit,
Il dift les eles li coufoit. 50
Fetes les vos en tel meniere,
Oïl. Tornez vos fa derriere,

Car je vos veul la coe faire,
Dont je vos oi dementaire.
　Cele se torne à estoupons,
Et cil i fiert jusqu'au ....
Le ... ens cors, sans contredit.
La Damoiselle li a dit,
Et li demende qui li fait.
Cis li dist que la coe fait,　　　　60
Et la besoigne par compas,
Ne veul pas que ce soit a gas,
Que la chose ne soit bien faite,
Et s'il de bien ferir se haite.
Or tost, car moult bien esploitiez,
Boutés bien & si l'atachiez
Si tres forment qu'elle ne chiée,
Ja serai si apareilliée,
Quant je de vous departirai,
Que bien croi que je volerai.　　　70
　Li Clers entent à son affaire,
Et pense de sa coe faire.

Ne li chaut gaires s'ele hoingne,
Moult bien entent à sa besoigne.
Quant il ot fait tout son talent,
En lit s'assist tout erremment,
Et la Damoiselle lez lui.
Dans Clers, dist-ele, dont m'ert hui
Toute ceste coe parfaite,
Faites la tost, car moult me haite
Dou bec, des eles ensement
Ne me chaut il certes nient,
De la coe seur toute rien.
Vous prie que vous l'atachiez bien.
 Damoiselle par saint Amant,
Ele ne sera faite avant.
Clers, par la foi que je vos doi,
De l'autre afaire m'est si poi,
Ja de moi ne departirez,
De si que faite l'averez.
Au Clers plaist moult ceste novele,
Qu'il soit avec la Damoisele,

De la coe moult s'entremift,
Chafcun jour un petit en fift.

 Tant i point, & tant il hurta,
Que la Damoifelle engroiffa,
La coe li a fi antée,
Qu'elle eft en cors enracinée,
Si bien que ja n'en iftera,
Jufqu'à tant qu'ele enfantera.   100
Cele à la terre fe roilloit,
Qui devant haut voler voloit,
Et fe claime laffe cheitive,
Miex vorroit morir qu'eftre vive.

 Ha ! dans Clers, vos m'avez gabée,
La coe m'eft ou cors germée,
Bien favez engignier la gent,
Appefantie fui forment,
Ne me puis ceindre ne lever,
Or ne porrai jamais voler.   110

 Damoifelle par faint Amant,
Vous m'alez à grant tort blafmant,

Car par la foi que je vous doi,
Ains ne recreuſtes de moi,
Se groſſe i eſtes c'eſt nature,
Mais trop eſtoit grant deſmeſure,
Que par l'air voliez voler,
Folement voliez or ouvrer,
Que outrage quiert, il li vient.
 Por ceſte Dame me ſouvient, 120
Qui ſi eſtoit deſmeſurée,
A cui la coe fu entée,
C'onques ne ſe vout marier
A nelui, tant la feut prier,
Or ſoupire, or plore des iex,
Bien eſt abatus ſes orguiex
Par un vaillant Clers & eſtrange,
Qui ainſi l'a laiſſiée au lange.
Moult en y a encor de celes,
Et des Dames & des puceles, 130
Qui tout ainſis le font, ou pis,
Qui aurient bien de bons matis,

Mais ne daignent, qu'orguiex les vaint,
Ainsis en voi maintes & maint,
Les unes font si pou estables,
Fergier se font en ses estables
A garçons & à cherretiers,
Qui puis en ont mavais luiers,
Les autres prennent un vilain,
Por ce vous consoil-je de plain, 140
Vous qui avez oi ce conte,
Orguiex, desdaing ne vous surmonte,
Mariez-vous selonc le tens,
Adonc quant lieus en iert & tens.

Explicit de la Damoiselle qui volt voler.

C'EST DE LA DAME QUI AVEINE DEMANDOIT POUR MOREL SA PROVENDE AVOIR.

IL avint affés prés de Rains,
D'une Dame à Wautiers Rains,
Qu'ammoit de fi grant randon,
Car cuer & cors en habandon
Avoit mis en tres bien amer
En un vallet fort & legier,
Bel & gent, & mignot & cointe,
Forment avoit chier fon acointe.
Et le vallés fi fort l'amoit,
C'à chofe autre riens ne pançoit. 10

Et quant venoit c'anfamble eftoient,
A mervoille fe conjoioient,
N'eft nus qui dire le feuft,
Ne que raconter le peuft,
Com fi dui amant font engrés,
De veoir l'un l'autre tout adés.
Que vous iroi-je contant,
Ne les paroles alongant,
Tant firent & tant efploiterent
Si dui amant, qu'il s'efpouferent 20
A grant joie & à grant deduit,
Sens encumbrier & fans anuit,
Dont fu li tans à lor devife,
Car chafcuns par grant covoitife
Ama fon per tant com il dut
Loialement & bien i parut,
Car lor voloirs eftoit tout un,
Et lors eftas eftoit comun.
Triftans tant com fu en ceft monde,
N'ama autant Yfoue la blonde, 30

Com si deux amans s'entr'aimerent,
Et foi & honor se porterent,
Moult bel menoient lor deduit,
Priveement & jor & nuit,
Et quant venoit à cel solas,
Qui se tenoient bras à bras,
Ou lit où estoient couchié,
Et l'un prés de l'autre aprouchié,
Adonc menoient lor revel
Entraus & tant bien & tant bel, 40
Par amistiez & par delit,
Ja ne queissent issir du lit,
Car cele selonc sa nature,
Si aimoit moult l'envoiseure,
Et le solas & le deduit
Qu'ele en avoit chascune nuit,
Et pour ce moult miex l'en servoit,
Et cils pour s'amour s'efforçoit,
Car de quel part que il venoit,
Ades envers la couchoit. 50

Sens refpit querre & fens efoigne,
Faifoit ades cele befoigne,
Ou fuſt en lit ou fuſt à terre,
Tout ſans alloigne querre.

 Lonc tens menerent ceſte vie
Enſamble par grant druerie,
Et ce vos di pour vérité,
Come moult grant privauté
Orent entre aus deus eſtablie.
Si vos dirai la mencolie   60
Que cil ot apriſe ſa mie,
Par amiſtié par druerie.
Seur, dit-il, je te veuil aprendre,
Et tu i dois moult bien entendre,
Car par l'amour grant qu'à toi ai,
Tout mon covine te dirai,
Quant je te voi aucun meſchief
Avoir, en membre ou en chief,
Saches je n'oſe à toi geſir,
Pour acomplir noſtre deſir,   70

Car je trop correcié ferroie,
Se mal ou anui te faifole,
Si te dirai que tu feras
Toutes fois qu'avec moi feras,
Soit en lit foit en autre place,
Et tu voudras que je te face
Se jolis meftier amouroux,
Se me diras biax freres doux,
Faites Moriax ait de l'avaine,
Et tu foies de ce certaine, 80
Que je l'en donrai volentiers
Selonc ce qu'il fera meftiers,
Et je pourrai & tu vourras,
Car ja à ce tu ne faurras.

Cele li refpont com cortoife,
Biax freres douz, de ce t'aquoife,
Ja pour ce ne te hucherai,
Ne ja por ce ne te dirai
Que Moriax wille avaine n'orge,
Miex aim c'on me coupaft la gorge 90

Que je tel ouvrage feïsse,
Ne qu'ainsis huchier apreïsse.

Cis li respondit erraument,
Si feras, car jel te commant,
Car c'est tout un entre nous deus,
Car je wil tout ce que tu veus,
Donc ce que vueil tu dois voloir,
Sens toi en nul endroit doloir ?

Cele li a respondu tost, 100
Et se li dist tu es tous fos,
Qui veus que die tel outrage,
N'afiert à fame qui foit fage,
Et fachiez que qu'ele deïst,
Que moult volentiers le feïst,
Ja pour damage nel laissast,
Ne pour honte que ne huchast
A Morel avaine à doner ;
Miex s'amast à ce abandonner,
Qu'ele fa provende perdit ;
Mais savez por qu'elle le fist ? 110

Pour miex enlachier son mari,
Et faire son voloir de li;
Car fame selonc sa nature,
La riens que miex ara en cure,
Et tout ce que miex li plaira,
Dou contraire semblant fera.
Et li maris qui moult l'ama,
Cum cils qui simple la cuida,
Li comenda diligemment,
Que feïst son commendement, 120
Et que demandast de l'avaine
Pour Morel chascune semaine,
Et chascun jor à chascune houre,
Qu'il li plairoit & sens demoure.
 Cele qui ot bonne volenté
Respont par grant humilité,
Que moult bien j'en demanderoit,
Quant verroit lieus & poins seroit,
Cilz se coucha & si se just,
C'onques la nuit ne se remust, 130

Ne lendemain treſtot le jor,
A la Dame anuie le ſejor,
Ainſis le fiſt deus nuis aprés,
Et les deux jors treſtout adés.
Et la Dame qui ot apris
Sa rente avoir, com li fu vis,
Sachiez en fu moult correcie,
Et diſt que ne s'obliera mie,
A l'autre nuit à bonne eſtraine,
Penre por Morel de l'avaine. 140

 Si toſt com il furent couchié,
Cele a ſon mari aprochié,
En aplainant, en acolant,
En faire tout à ſon talent,
Puis taſte deçà & delà,
Moult ſouefment araiſnié l'a.
Frere miex me ſouliez amer,
Et Dame & amie clamer,
Mais or croi l'amors eſt fenie,
Et ſans raiſon toſt departie, 150
      L ij

Por une autre m'avez guerpie,
Ou vous avez vo druerie.

Non ai par ma foi, bele feur,
Je n'ai aillours qu'an vous mon ceur,
Vous i eftes ma mie & m'amors,
Et mes folas & mes fecors,
Cils monta fus por folacier,
Que plus ne leffa correcier,
Car il mout tres bien s'aperçoit
Que Moriax avaine voloit. 160
Une fois li a fait cele œuvre,
Et cele à bien com requevre,
Qu'à piece n'en feroit laffée,
Si a dift par grant rampofnée.

Sire l'autre jour me difiez,
Qu'à Morel aveine donriez,
Toutes fois qu'en aroit befoing,
Or en aiez dou doner foing,
Or endroit fire, fi vous plaift,
Cils monte fus fens plus de plait, 170

Et donne à Morel de l'avaine,
De la millor, de la plus faine,
Ainfis le fift tout demanois,
Et cele hucha l'autre fois,
Et cils tout ades li dona
L'avaine qu'ele demanda.

Quant vint aprés à l'autre nuit,
Cils s'endormi jufqu'à miennuit,
Et cele qui ne dormoit pas
Ne tint pas cefte affaire à gas,   180
Ainſois bouta ſon mari tant,
Et diſt que li teniſt couvant.
Cils s'aparoille & monte fus,
Qu'à mont, qu'aval, que fus que jus,
Ainfis fift à pou de fejour
Dés le couchier dufques au jour.
Tant fu cele bone maiſtreſce
De ramentevoir ſa promeſſe,
Qu'ele ot toſt la honte beue
Qu'ele avoit à premiers heue.   190

Defpuis cele houre baudement,
Sa promefce ala demandant,
Com cele qui ne s'en vot faindre,
Moult gentement fe fet complaindre
Vers fon mari & fouploier,
Et doucement aplanoier,
Parcoi Moriax fa provende ait.

 Et cils qui ne veut point de plait,
Li baille felonc ce qu'il peut,
Et s'efforce plus qu'il ne feut,   200
Et cele n'eft point esbahie
De dire, ne m'obliez mie,
Et en mangeant & en beuvant,
Li va tout ades requerant,
Que doint fa provende à Morel,
Dou tarder ne li eft point bel,
Et cil l'en donne fe qu'il peut,
Mais mains aflés que il ne feut,
Car ou mont n'a grenier fi grant,
Que Moriax ne meift à noiant,   210

Apettissiez est li greniers,
Dont Moriax a esté rantiers,
Et cils qui la clef emportoit,
S'aperçoit bien que wis estoit,
Se ne set coment des amordre,
La rien à c'on le veut ramordre,
Car fort chose est d'acoustumance.
 Or est cil dou tout en balance,
Mais ne s'esmaie point le jour,
Car il s'en va en son labour.   220
Mais quant se yient à l'anuitier,
Et on le haste de couchier,
Avant qu'il s'en puist endormir,
En veut cele avoir son plaisir,
Moult demande à bone estraine,
Moriax veut avoir de l'aveine,
Cils en donne à quelque meschief,
Mais bien set, pou en i eschiet,
Selonc sa premiere coustume,
Le feu qui tout ades alume   230

Ne peut eftaindre, n'i vaut rien,
Or eft cheus en mal lien
De fa fame qui l'en defpite,
Pour la provande qui eft petite,
Et donée en rechinant,
N'eft pas tele come devant,
Car cil ne fet tant efforcier,
Que ja ponce l'oit-on plus chier,
Moult li va ores de mal en pis,
De fa fame eft au deffous mis.

Que vous feroie plus lonc conte,
Vous qui favez à ce que monte,
Ne ferai plus longue demoure,
Oiez qu'en avint à une houre.
Cils fu trop laches & fuciés,
Fraifle, vuis & tous efpichiez,
Et toute la mole des os
Li fu iffue de fon cors,
Qui n'ot ne force ne vertus,
Cel meftier faire ne pot plus.

Cele est bien aperceue
Que sa force est bien décheue,
Adonc se mist en moult grant paine,
Que sa force tost li revaigne,
Ne le volt de riens mesaisier,
Moult le comença à aisier,
Et moult doucement l'aseure
Moult a en lui mise sa cure,
Pour qu'il réviengne en sa vertu,
Por recouvrer le tans perdu. 260
Et quant il ot esté baingniez
Delés sa fame, & puis sainniez,
Si tost com il fu en bon point,
La Dame resgarda son point,
Demanda li coment li est.
Vostre merci, dist-il, bien m'est,
Je suis tous prox & fors & sains,
Je sui gari dou mal des rains,
Et cele s'est moult esjoïe
De la novele qu'ot oïe ; 270

Car sitôst com couchié furent
En lor lit, & ensemble jurent,
Se li print à ramentevoir
A faire vers li son devoir,
Et li dist bien à longue alaine,
Moriax veut avoir de l'avaine.

 Cils s'efforça por pais avoir,
Et fist auques à son voloir,
Et cele nuit bien convent tint,
Tant qu'à une autre nuit revint, 280
Que cele moult le tisona,
Et durement le tagona,
Et puis par bel sen li demande,
Pour avoir Morel sa provande.
Cil vit qu'à ce panroit la mort,
S'il ne perñoit aucun confort,
Car il estoit tous espichiez
Par son effort, & tous suciéz,
A male fin l'estuet venir,
S'il veut ainsis se maintenir. 290

Bien fot qu'il ne porroit durer,
Ne cefte paine endurer,
Pourpenfa foi que il feroit,
Et coment il s'en cheviroit,
Et coment fe délivreroit
De tout ce qu'ele requeroit.

Or efcoutez coment le fift;
D'eftre malhaitiez famblant fift,
Son cul tourna en fon giron,
Et li chia tout' environ   300
Que bran, que merde, qu'autre chofe,
Et fe li dift à la parclofe.

Seur deformais te tien au bran,
Et ainfis com tu veus s'en pran,
Bien faches l'aveine eft faillie,
Fait t'en ai trop grant departie,
A noiant eft mais li greniers,
Dont Moriax a efté rantiers,
Des or au bran t'eftuet tenir,
Car l'avaine as faite faillir,   310

Quant les haus jors venir verras,
D'avaine ta provende aras,
Dou bran aras les autres jours,
De moi n'aras autre fecours,
Deformais au bran te tenras,
Car de l'avaine point n'aras.

Quant cele l'oit n'en doutez mie,
Que moult forment fut esbahie,
Si que ne pot nul mot refpondre,
Ne que fe vot dire efpondre,   320
Mais ains puis pour Morel provande,
Ne quift ne petite ne grande,
Forment fe fentit deceue,
Por la laidure qu'ot eue,
En grez prins ce que pot avoir,
Ne fift pas force à l'autre avoir,
Et cils la fervi ce qu'il pot,
Et toutes fois que il li plot,
Je ne di pas au gré de li,
Mais au voloir de fon mari.   330

A vous di qui eſtes mariez,
Par ceſt conte vous chaſtiez,
Faites à meſure & à point,
Quant verrez lieu & tens & point.

Explicit de Morel qui ot bren en leu d'aveine.

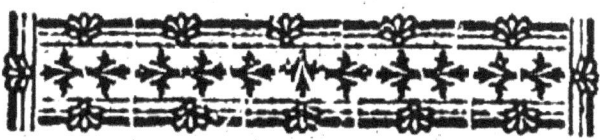

DE BERENGIER AU LONC CUL.

Puisque fabloier m'atalente,
Et je i ai mise m'entente,
Ne lerai qu'encore ne vous die.
Jadis avint en Lombardie
D'un Chevalier qui avoit fame,
N'ot el pais plus bele Dame,
Ne plus cortoise ne plus sage,
Et si estoit de haut parage,
Mais son mari ert de vilains,
Et si ert perceus & vains   10
Et vanterres; aprés mengier
Moult sé fesoit bons Chevalier
Par parole, en trois ou en quatre
Voudroit-il pour son corps abatre,

Et chafcun jour à l'avefprer,
Se fefoit richement armer,
Puis s'en montoit for un deftrier,
Ja ne finaft de chevauchier,
Dedens un bois toz feus entroit,
Quant dedens ert fi s'areftoit,   20
Et efgardoit tout à loifir,
Que nus ne le peuft veir,
Si aloit pendre fon efcu
A un arbre grant & foillu,
De l'efpée nue i feroit
Grans cops que tout le depeçoit,
S'en fefoit les pieces voler,
Et defpecier & eftroer,
Que point n'i demoroit d'entier,
Puis fe remetoit el fentier,   30
L'écu au col la lance frete,
Com s'il euft procce fete,
S'en revenoit moult fierement,
Et difoit à toute la gent

Qu'il avoit deux Chevaliers mors,
Par hardement & par effors,
Moult s'i eftoit bien combatus,
De plufors gens eftoit creus,
Et difoient qu'il ert moult prous,
Ainfi les amufoit treftous.   40
Par maintes fois ainfi fervi,
Tant qu'une autre fois s'en iffi,
Dift qu'il iroit faire cembel.
Un efcu tout fres & noyel
Li avoit fa fame baillié,
Moult bien fet & moult bien taillié,
Et une lance longue & droite ;
Et il tant de l'aler s'efploite,
Qu'il eft venu el bois ramu.
Maintenant a pris fon efcu,   50
Si le pendi à un perier,
Puis a feru du branc d'acier,
Et fefoit un fi fier martyre,
Qui l'oïft il peuft bien dire

Que plus de trente en i euſt,
Et pour ce que l'en le creuſt,
Sa lance r'a à deux poins priſe,
Si la fraint & ſi la debriſe,
Ne l'en remeſt que un tronçon,
Puis s'en revient en ſa meſon, 60
Si deſcent & ſe déſarma.
Sa fame moult ſe merveilla
Qu'il eſtoit ſi toſt revenu,
S'ert tout depecié ſon eſcu,
Come s'il veniſt d'un tornoi.
Sire, ſet-ele, par ma foi,
Ne ſai où vous avez eſté,
Mes voſtre eſcu l'a comparé.
Dame, j'ai trouvé Chevaliers,
Plus de ſept courageux & fiers, 70
Qui me vindrent ferir & batre,
Mes j'en ai ſi blecié les quatre,
Por mon eſcu que percié orent,
Que puis relever ne ſe porent,

Et li autre troi s'enfuirent
De la paor quant il ce virent,
Onques ne m'oserent attendre.
La Dame n'est mie à aprendre,
Maintenant sot & apperçut
Coment son seignor le déçut,   80
Bien sot que onques en sa vie
Ne sist par sa chevalerie
Ne prouesce ne hardement,
Mes ainsi le dit à la gent,
Et lor fait tel mençonge acroire,
Dont il n'y a parole voire.
Desor se porpense la Dame,
Et a juré son cors & s'ame,
Que s'il fet tant que mes i aille,
Ele voudra savoir sans faille   90
Com fetement il le fera,
Et coment il s'atornera,
Et qui son escu li despiece,
Dont il n'aporte qu'une piece,

Chafcune nuit quant il repere.
Ainfi porpenfe fon affere
La Dame, mes mot ne fona,
Et li fires la falua,
Maintenant qu'il fu revenus,
Au col li a fes bras tendus, 100
Et dift, Dame par faint Omer,
Vous me devez moult bien amer,
Et honorer & tenir chier,
Que il n'a fi bon Chevalier
De moi de fi en Normendie;
Biaus fire, je ne vous haz mie,
Et encor plus vous ameroie
De tout mon cuer, fe je favoie
Que tels fufliez com dit m'avez.
Dame, dift-il, mes miex affez, 110
Et plus ai force & hardement
Que je ne di mon efcient.
Atant leffierent la parole,
Et li fires la Dame acole,

Cinq fois la baife, meme fix,
Puis fe font au mengier aſſis,
Li lit font fet, fi vont gefir.
Quant laſſé furent de dormir,
Et li folaus fu haut montez,
Li Chevaliers ſi s'eſt levez, 120
Et fe veſti & fe chauça,
Et fes armes redemanda.
Quant il fut armez bel & gent,
A la Dame congié prent:
Dame, diſt-il, je m'en revois
Querre aventures en ceſt bois;
Sachiez ſi je puis encontrer
Home qui oſt à moi jouſter,
Ja eſchaper ne me porra,
Je le prendrai, ou il morra. 130
Sire, fet-ele, or en penfez.
Atant eſt el deſtrier montez,
Si s'en reva par le boſchage.
Et la Dame qui moult fu fage,

Dift par foi qu'aprés veut aler
Por favoir & por efprouver
Son hardement & fon barnage,
Si qu'il n'i ait point de domage.
La Dame s'eft moult toft armée,
Et come Chevalier adoubée. 140
Le haubert veft, l'efpée a çainte,
De toft armer ne s'eft pas fainte,
Et fus fon chief l'iaume laça,
El deftrier monte, fi s'en va,
Onques n'i ot refne tenue;
Tant oire, qu'el bois eft venue,
Et vit fon feignor defcendu,
Qui depieçoit tout fon efcu,
Et une tele noife fefoit,
Que li bois en retentiffoit; 150
De nului ne fe donoit garde,
Et quant la Dame le regarde,
Ains mes ne fu fi esbahie,
Au pluftoft qu'elle pot li crie,

Sire vaſſaus, qu'avez-vous quis
En mon bois ne en mon porpris,
Qui mon bois ſi me depeciez,
Et de voſtre eſcu vous vengiez,
Qui ne vous avoit riens m'effet :
Certes, fet-ele, c'eſt trop let,   160
Quel guerre avez à l'eſcu priſe ?
Dehez het qui miex vous en priſe,
Cil eſcus ne ſet riens entendre,
Je le voudrai vers vous deffendre,
Il vous convient à moi jouſter,
Vous n'en poez par el paſſer,
Ja n'i aura longue attendue.
Quant il a la Dame entendue,
Ains mes ne fu ſi tormentez,
Tout maintenant eſt arreſtez,   170
Et voit cele qui le menace,
Tel paor a, ne ſet qu'il face,
Quar de combattre n'a-il ſoing,
L'eſpée li cheï du poing

De mauveſtié & de perece.
Et la Dame vers lui s'adrece,
L'eſpée trete le requiert,
Du plat for le hiaume le fiert
Tel cop que tout en retenti.
Quant li Chevaliers l'a ſenti, 180
Si cuida bien eſtre afolez,
De la paor eſt jus verſez,
Onc ne fut tels qu'il ſe meuſt,
Un petit enfant li peuſt
Trere les iex hors de la teſte
Autreſi come à une beſte,
Ja ne li oſaſt contredire.
La Dame li comence à dire,
Or toſt vaſſaus jouſtez à mi.
Li Chevaliers li crie merci : 190
Sire for ſains vous jurerai,
Jamais en ceſt bois n'enterrai,
N'à mon eſcu ne ferai mal,
Si me leſſiez for mon cheval

Monter, & m'en puiffe r'aller.
Il vous convendra d'el parler,
Fet-ele, avant que m'efchapez:
Or efgardez que vous ferez,
Que je vous vueil un geu partir.
Or endroit vous convient morir, 200
S'ert de vous finée la guerre,
Je defcendrai jus à la terre,
Devant vous m'irai abeffier,
Si vous convient mon cul befier,
Ne poez garir autrement.
Sire, voftre comandement
Ferai, or en venez à moi,
Certes, fet-ele, je l'otroi.
Ele defcent, vers lui s'en va,
Sa robe contre mont leva, 210
Si s'eftupa devant fa face,
Et cil vit une grant crevace
Du cul & du ... tout enfemble,
Qui treftout fe tenoit enfemble,

        Onques

Onques mais, fe Diex li aït,
Ce dift, auffi lonc cul ne vit,
Lors l'a befié & acliné.
Moult l'a bien à fon droit mené
Cele qui le tient à briçon.
Et cil li damande fon nom, 220
Dont il eft, & de quelle terre.
Vaflaux, qu'avez-vous à enquerre,
Fet-ele, ne à demander,
Vous ne pourriez pas trouver
Tel nom en treftout cel païs.
Bien le vous racont & devis,
De mes parens n'i a-il nul,
J'ay nom Berengier au lonc cul,
A treftoz les coars faz honte.
Atant fon fon cheval remonte 230
La Dame, & en mefon s'en va,
Tantoft por fon ami manda
Que il venift à li parler.
Et il i vint fans demorer,

Grant joie li fet, & ele lui,
Si fe font couchié ambedui
En un lit por lor talent fere.
Et li Chevaliers s'en repere
Du bois, & entre en fa mefon.
Sa gent le metent à refon,   240
Et demanda com li efta;
Certes, dift-il, moult bien m'en va,
Délivrée ai toute la terre
De cels qui me fefoient la guerre,
Ses ai vaincus & aftolez.
Atant eft en la chambre entrez,
Sa fame trueve tou à aife,
Où fon ami acole & baife,
Ne fe daigna por lui répondre.
Li Chevaliers comence à grondre. 250
Quant il le vit, moult l'en pefa,
Moult durement la maneça.
Dame, dift-il, mar le penfaftes,
Quant eftrange home o vous couchaftes,

Vous en morrez, por voir le di.
Et la Dame li respondi,
Tesiez-vous-en, dist-el, mauvés,
Gardez que n'en parlez jamés,
Se je vous en oi plus parler,
Le matinet sans arrester,
Ce sachiez vous, sans atargier
J'irai à seignor Berengier
Au lonc cul, qui a grant poissance,
Bien me fera de vous venjance.
Quant li Chevaliers l'a oïe,
N'ot més tel merveille en sa vie,
Or set-il bien qu'ele savoit
Tout ce qu'avenu li estoit,
Onques puis riens ne li en dist,
Et la Dame tout son bon fist,
Que pour lui n'en lessast noient.
Por ce dessent à tote gent
Qui se vante de maint afere,
Dont il ne sevent à chief trere,

Qu'il leſſent eſter lor vantance,
Et je vous di bien ſans faillance,
Quant il s'en vantent, c'eſt folie,
Ici eſt ma reſon fenie.

Explicit de Berengier au lonc cul.

Fin du Tome III.

VOCABULAIRE

Des mots les plus difficiles

Contenus en ce Volume.

A

A, Avec, de, du, pour, contre, &c.
Aatir, s'empresser, résister, disputer la préférence.
Abelir, plaire, être agréable.
Abouffer, essouffler, ôter la respiration.
Abouter, aboutir, toucher, être joignant.
Aboute, touche, joint.
Acesmer, parer, orner, habiller.
Acesmement, action de parer.
Acesmes, ornemens, parures.

Achaison, occasion, sujet, prétexte, accusation, calomnie.
Achaisoner, accuser, calomnier.
Achesmer. Voyez *Acesmer*.
Achoison. Voyez *Achaison*.
Achoisier, appaiser, tranquilliser.
Acliner, saluer, se prosterner.
Acoster, atteindre, joindre, frapper.
Acointe, fréquentation.
Acointer, fréquenter, se joindre à quelqu'un.
Acointer [pour la rime], racorter.
Adaigner, aimer, complaire, faire la volonté de quelqu'un.
Ades, toujours.
Adeser, s'attacher, se joindre.
Adesa, se joignit.
Adouber, arranger, ajuster, parer, habiller, préparer, orner, armer.
Adoucer, caresser, tranquilliser.
Aerdre, s'attacher, se joindre.
Aers, joint, attaché, saisi.
Afautrer, harnacher.
Afouer, abbattre, accabler.
Agironer, environner.
Ahocher, accrocher.
Aie, aide.

Aillie, ail, sauce à l'ail.
Ainçois, avant, au contraire, en attendant.
Ains, mais; au contraire; avant.
Ainfné, aîné.
Air, force, violence.
Airier, fâcher.
Aire, place.
A l'avefprer, le soir.
Alemite, soufflet, coup de poing.
Alleluie, joie, plaisir, réjouissance.
Alloigne, *alloignement*, délai.
Alofé, prisé, estimé, distingué à tous égards, de bonne réputation.
Alouer, louer, prendre à gage.
Amaint, amene.
Ambedeux, *ambedoi*, *ambedui*, tous deux.
Amires [pour la rime], Amiral.
Amiflé, amitié.
Ammi, au milieu.
Amoier, s'adonner, s'appliquer, prendre goût à quelque chose.
Amorettes, amourettes.
Anbedeux, *anbedoi*, *anbedui*, tous deux.
Anc, exclamation; han en frappant.

Anc nuit., avant cette nuit.
Ancui, avant ce jour.
Ancianor [rime], antique, ancien.
Andeux, *andoi*, *andui*, tous deux.
Anoi, peine, chagrin, insulte.
Anqui, là.
Anque, avant.
Anuit, cette nuit. Peine, chagrin.
Aparmain, à l'instant.
Apostoille, *Apostole*, le Pape.
Appareiller, *apparillier*, préparer, disposer.
Apresser, accabler, opprimer.
Aquoiser, appaiser, tranquilliser.
Araisner, *araisoner*, parler, entretenir quelqu'un, lui porter la parole, haranguer.
Arder, *ardre*, brûler.
Arecier, se mettre en œuvre.
Aressoner, *aresner*, *aresnier*. Voyez *Araisner*.
Aresner, arrêter, attacher.
Arramir, s'engager, défier. *Place arramie*, joute, combat indiqué, engagé.
Arriere, aussi. A reculons.
Asmer, estimer, juger.

Assener, frapper juste, placer, marier, adresser juste.
Assous, franc, quitte.
Atalenter, *atalentir*, disposer, donner de la bonne volonté.
Atalenté, disposé, prêt à agir, de bonne volonté, empressé.
Atirer, ajuster, convenir, accorder.
Atoivre, collier ou joug d'un bœuf.
Atropeler, *atruper*, assembler, réunir.
A tout, avec; *à tout sa chemise*, avec sa seule chemise; *à tout un homme*, avec un seul homme.
Aval, en bas.
Avaler, descendre.
Avant, avance, fasse profiter.
Auçoire, Auxerre.
Avenant, agréable, qui plaît, de facile accès.
Aver, *avere*, *avers*, avare.
Avers, biens.
Aviaux, bijoux, tout ce que l'on souhaite; bonnes aventures.
Avoir, bien, richesses; *avoir en dépit*, mépriser.
Avolonter, donner bonne volonté. Voyez *S'avolonter*.

Auques, à présent.
Aus, *eux*, ail.
Autrestant, *autretant*, pareil, semblable ; pareillement, semblablement.

B

*B*Acheler, jeune homme, adolescent.
Bacon, cochon, jambon, tranche de lard.
Baer, souhaiter, viser, ouvrir la bouche; *gole baée*, bouche ouverte.
Baillie, charge, tutele, puissance, garde.
Baler, danser, s'agiter.
Barat, tromperie, mauvais dessein.
Barnage, courage, force, valeur. Suite d'un Grand.
Baron, mari.
Batel, bateau.
Baudrai, donnerai.
Baut, joyeux, gai. Donne.
Bellonc, inégal en longueur.
Benecite, bénite.
Bercil, bergerie.
Besant, piece de monnoie de Byzance.

Befcouffe, agitation, fecouffe.
Beuban, pompe, grand étalage; orgueil.
Beufe, dans *Sire Hains*, exclamation.
Beu, b.
Blanchoier, paroître blanc.
Blandir, carreffer.
Blaftange, blâme, infulte.
Blaftanger, blâmer, infulter.
Blaftent, blâme.
Bloes, bleues.
Boier, boyau.
Boifdie, rufe, fineffe, tromperie.
Boivre, boire.
Borde, *bourde*, menfonges, contes en l'air.
Borde, maifon.
Borfe, bourfe.
Bos, bois.
Bofchage, petit bois, bocage.
Boucel, *bouciau*, bouteille, cruche.
Boudine, le nombril.
Boule, tromperie; *favoir de boule*, favoir tromper.
Bout, bouteille.
Bouter, pouffer, mettre.
Braïes, culote.

Braioel, le haut de la culote.
Braons, les canons de la culote.
Brane d'acier, épée, sabre.
Briçon, coquin, mauvais sujet, brigand.
Buef, *bués*, bœuf.
Buen, bien ; bon.
Buffe, *buffet*, soufflet.
Buffoy, orgueil, pompe, grand train.
Burel, *buriau*, étoffe de bure.

C

C Archier, charger.
Caroler, danser.
Carole, danse, concert.
Caus [rime], coups.
Ceax, ceux.
Ceens, ici dedans.
Cembel, joûte, combat.
Cerchier, chercher.
Chainse, ce qui sert en général à couvrir, jupon, chemise, nape d'autel, voile, &c.
Chaloir, il importe.
Chancel, le chœur de l'Eglise.
Chaniast, changeât.

Chapelet, chapeau, couronne de fleurs.
Char, chair, viande.
Charriere, chemin de charrette.
Chaſtel, bourg.
Chaſtelain, Seigneur d'un bourg; c'étoit aussi un Gouverneur.
Chaveſtriaux; eſtre aux chaveſtriaux, être en querelle, se battre, se tirer aux cheveux.
Chaut, du verbe *Chaloir; il ne m'en chaut*, il ne m'importe, je ne m'en soucie pas.
Cheir, tomber.
Cheitive, chétive, infortunée, malheureuse, captive.
Chevance, biens, richesses; *faire chevance*, gagner des richesses.
Chevece, coëffe, voile. Oiseau nocturne, chouette.
Chevir, jouir, venir à bout.
Chevols, cheveux.
Chief, tête. Bout, extrémité; *venir à chief*, venir à bout; *de chief en chief*, d'un bout à l'autre.
Chiere, visage, mine; *chiere lie*, joyeuse baude; *chiere mate, laſſe*, mine abbatue, consternée.

Chiez, chez. *Chef*, tête.
Chols, chous.
Claim, *clains*, clameur, cris, plainte.
Clamer, *claimer*, se plaindre; *clamer quitte*, déclarer quitte; *se clamer las*, se dire infortuné, abbatu.
Cluingner, baisser les yeux; faire signe.
Coart, lâche.
Coe, queue.
Coens, *Cuens*, Comte.
Coillir, cueillir.
Coint, poli, bien élevé, prudent, sage, bien ajusté.
Cointoier, élever, ajuster, parer.
Cointise, politesse, prudence.
Coiter, presser, aiguillonner, exciter.
Colée, coup, soufflet.
Coment, commence. Commande. Commandement.
Communaument, en général, tous ensemble, publiquement.
Compaing, compagnon, camarade.
Comperer, payer, acheter, acquérir.
Conjoier, *conjoïr*, se réjouir ensemble, faire fête, bien recevoir.
Consaut, conseille. Console.

Confaux, conseils, desseins formés, résolutions prises.
Conseut, atteint.
Consuivre, atteindre, parvenir à un but, obtenir.
Contens, content. Querelle, dispute.
Contrait, mal fait, contrefait, estropié.
Contre mont, en haut.
Contre val, en bas.
Cop, cops, coups.
Cop, cocu.
C'or que, encore.
Corage, courage, cœur, pensée, esprit.
Corbeuil, Corbeil, petite ville. Les oignons de cet endroit étoient fort estimés dans le treizième siécle.
Corroie, bourse; on la portoit à la ceinture.
Cors, course. Corps. Cour.
Cortil, jardin.
Cotes, cotelles, vestes, manteaux de lit qui ne passoient pas les côtes.
Covine, couvine, dessein, projet.
Courtil, jardin.
Coute, coude. Matelas. Couverture,

espece d'oreiller, carreau.
Coutel, couteau.
Crampi, courbé, resserré, restraint.
Cranche, chancre.
Cras, gras.
Creanter, promettre.
Cremer, craindre.
Criendre, craindre.
Crient, craint.
Croire, prêter.
Croix d'outre mer, les Croisades.
Cuir, peau.
Cuitte, quitte.

D

Daarain, dernier; *au daarain*, à la fin.
Dalez, d'auprès, d'à côté.
Dame Dé, Dame Dieu, Dame Diex, Dieu.
Damoisel, Damoisiax, jeune homme de condition.
Danger, *dangier*, difficulté, inquiétude, peine; *faire dangier*, faire difficulté.
Danqui, de là.

Deçoivre, tromper.
Déduit, plaisir, amusement.
Defamie, infamie.
Defamé, infame.
Deffenge [rime], défende.
Defois, défense, empêchement.
Defors, dehors. Autrefois.
Dehait, *dehet*, tristesse, abbatement, incommodité.
Dehaitier, *dehetier*, rendre, être triste, abbatu, découragé.
Delaier, différer.
Delaier, subst. retard ; *sans delaier*, sans retard.
Delegier, facilement.
Delez, à côté, auprès.
Delit, plaisir. Crime.
Delui [pour la rime], délai.
Demainer, demener, s'agiter, se conduire, se comporter.
Demanois, cependant, pendant ce tems.
Demantaire, devant, cy-devant.
Demorée, retard, délai.
Demorer, demeurer, rester.
Demorer, subst. demeure, retard, délai.

Deporter, s'amuser, cesser le travail.
Derompre, briser, casser, disloquer.
Dervé, hors du sens, fol, extravagant.
Desclos, ouvert.
Deshaiter. Voyez *Dehaiter* & *Dehet*.
Despartie, séparation.
Despendre, dépenser, prodiguer.
Despers, méchant, libertin.
Despondre, expliquer.
Desrainier, disputer, contrarier.
Desrois, discorde, égarement, déréglement.
Desservir, mériter.
Destorber, *destourber*, troubler, empêcher, embarrasser.
Destrois, pressé, dans le détroit, embarrassé.
Destrier, cheval d'exercice dressé au manege.
Destrois, embarras.
Desvez, hors du sens, fol.
Deveurer, dévorer.
Deviser, s'entretenir, parler ensemble.
Deut, fait mal, se plaint.
Do, deux.

Doi, deux; doigt.
Doloir, sé plaindre, se fâcher, sentir du mal.
Donoier, *dosnoier*, s'amuser, (proprement) faire l'amour.
Doule, double.
Douloufer, comme *Doloir*.
Douter, craindre.
Drapel, drapeau.
Dras, habits, en général ce qui sert à couvrir.
Dru, *drue*, amant, amante.
Druerie, le plaisir & l'action de faire l'amour.
Duel, tristesse, chagrin.
Dueller, être triste, chagrin.
Dui, deux. Je dûs.
Duol [rime], duel, peine, chagrin.
Dus, Duc, conducteur.
Dusques, jusques.

E

EInçois, *einsois*, avant, au contraire.
El, rien, pas, au contraire; *d'un & d'el*, de chose & d'autre.

Eles, ailes.
Embattre, fourrer, plonger, se précipiter, s'avancer.
Emble, le pas.
Embler, voler, dérober, enlever.
Embroncher, embruncher, couvrir.
En ce que, pendant que.
Encombrement, encombrier, encumbrier, embarras.
Enconbrer, embarrasser, combler.
En çon, en son, en haut.
Endementiers, endemendre, pendant que, dans l'intervalle.
Endoi, endui, tous deux.
Enfes, enfant. Infect.
Engaigner, tromper, embarrasser, mettre dans la peine.
Engeter, chasser, mettre hors, délivrer.
Engin, esprit, finesse, ruse, adresse.
Engenieur, Ingénieur.
Engigner, tromper.
Engouffer, enfler, grossir; *jambes engouffées*, grosses, enflées.
Engrans, engrant, engrés, empressé de bonne volonté.
Enhaler, embrocher.

En mi, au milieu, à travers.
Enosser, étrangler.
En romans, en françois.
Entalentis, disposé, empressé.
Entoiser, encocher.
Entrues, pendant ce tems, dans cet intervalle.
Envaie, attaque, combat.
Envers, en l'air, à la renverse.
Envoiser, se réjouir.
Envoiseure, plaisir, divertissement.
Ersoir, hier soir.
Ere, j'étois, serai.
Erite, hérétique.
Errant, à l'instant.
Erre, train, voyage; chemin; pas.
Erremment, à l'instant, promptement.
Errer, voyager, agir, travailler.
Es, voici.
Escharnir, insulter.
Eschequeure, échancrure.
Esclabouter, couvrir d'eau, de boue, de sang, &c.
Escondire, refuser, s'excuser.
Escondit, refus, excuse.
Escousser, secouer.

Escremie, combat, attaque.
Escremir, combattre.
Esfroncher, froncer les sourcils.
Esgard, conseil, avis.
Eslais, élans, secousses.
Eslaisser, saillir, s'élancer, se réjouir.
Eslaissier, idem.
Eslite ; mettre à eslite, donner le choix.
Esmaier, s'étonner, s'effrayer.
Esmarrir, idem.
Esmer, juger, estimer.
Esmer, subst. jugement, avis.
Espinoches, épinars, herbe, légume.
Esploiter, esploitier, aller, agir, travailler, avancer, profiter.
Espourir, étonner, épouvanter.
Esprendre, s'allumer, s'embraser.
Espris, épris, embrasé, allumé.
Espringuer, sauter, danser.
Esracer, arracher.
Esraument, promptement.
Essiller, ravager, détruire, exiler.
Essoigne, excuse, empêchement.
Essoigner, excuser, dispenser.
Essors hale, air sec ; *Si vous sera bon li essors* : Le hâle vous conviendra.
Estavoir, tout ce qui convient, con-

VOCABULAIRE. 287

venance, nécessaire, faire le saut.
Ester; lais moy ester, laisses-moi tranquille.
Estevous, voici.
Estormir, estourmir, étourdir, engourdir.
Estot, fou.
Estoutie, folie.
Estoutir, rendre bête.
Estrain, paille, fourage.
Estraingne, étranger.
Estuet, il convient.
Estuier, serrer, cacher.
Estouper, estuper, boucher.
Et vos, voici.
Eue (lire *Eve*), eau.
Eur, bonheur.
Eure, heure; *bele eure*, le jour,
Eure, bord.

F

F Ain, foin. Faim.
Faitement, faitissement, bien fait, fait avec art.
Faiture, façon, création.
Falonder, tromper.
Falose, fraude, mensonge.

Falofer, tromper.
Faviere, champ femé de feves.
Fergier, frapper, marteler.
Fetement, feture. Voyez *Faitement*.
Feure (lire *Fevre*) marechal, ferrurier.
Fi, foi; *defi*, certainement, véritablement.
Foliete, folie.
Folor [pour la rime], folie.
Forel, conduit, canal.
Fors, dehors, excepté; *il n'y a fors*, il n'y a que.
Fors trechier, enlever, arracher.
Fraindre, rompre, brifer.
Fraint, frainte, frait, freite, fret, rompu.
Froncher, ronfler, rêver.
Fuft, bois, banc, piece de bois, arbre fans branche.

G

G *Aaing*, gain, profit, labourage.
Gaaingnage, labourage.
Gaaingner, labourer, cultiver.
Gajaille, gageure.

Gambes, jambes.
Garder, regarder.
Garnement, équipages, meubles, garniture.
Gembes, jambes.
Gent, nation, peuple.
Gent, joli, poli, agréable.
Gerra, de *Gesir*, couchera.
Gesir, coucher.
Geu, de *Gesir*, a couché, coucha.
Geu, jeu. Juif.
Glacier, glisser, couler.
Gole, gueule, bouche.
Gorgueter, faire passer de la gorge dans l'estomac.
Graile, menu, délié.
Greigneur, *greignor*, plus grand.
Grenons, moustaches.
Griever, fâcher, incommoder, tourmenter, accabler.
Guerredon, récompense.
Guete, sentinelle.
Guile, ruse, finesse, tromperie.
Guincher, pancher, détourner.

H

*H*Ace., haïsse.
Haiter, plaire, être agréable.
Haitie, gai, gaillard, en bonne santé.
Hanap, *hanepel*, tasse.
Haste, broche.
Hastez, brûlé.
Hastiu, prompt, pressé, précipité.
Hastpel, coup de poing, soufflet, coup de broche.
Haubert, cuirasse.
Helmot, le vrai mot, sentence.
Hesteaux, bancs de hêtre.
Het, haït. Joie, plaisir.
Hetier, gai, gaillard.
Hiaume, casque.
Hoingnier, murmurer, se plaindre.
Holier. Voyez *Houlier*.
Hongerie, honguerie.
Houlier, homme qui fréquente les femmes de mauvaise vie.
Hucher, *huchier*, appeller, crier.
Huier, siffler, crier.
Hui, aujourd'hui.
Huimes, à présent, ce jour.
Huis, porte.

I

Ja, déja ; jamais ; autrefois.
Jaiant, géant.
Jalie, jettée.
Jaume, heaume, casque.
Ice, cela.
Iere, j'étois, il étoit.
Iert, il étoit, il sera.
Jes, je les.
Iex, les yeux.
Ignel, inel, prompt, actif ; *ignel le pas, inel le pas.*
Ignelement, promptement.
Joe, joue.
Joiant, joyeux.
J'oi, j'ai eu. J'ai entendu.
Joi, j'ai joui.
Isnel, prompt ; le pas.
Isnelement, promptement.
Isniaux. Voyez *Isnel.*
Issi, ainsi.
Issir, sortir.
Ist, sort.
Istra, sortira.
Itant, autant ; *à itant*, aussi.
Juour, jeu, assemblée.

Jus, à bas.
Jut, coucha.

K

KArole, danse, concert.
Keu, *kex*, cuisinier.

L

LAidanger, insulter, outrager, blesser.
Laidangement, insulte, outrage, blessure.
Lais, laisse. Legs. *Laid*, difforme. Affront, insulte.
Landes, terres incultes remplies de broussailles.
Las! hélas! Malheureux, infortuné.
Lasse, infortunée.
Lautrier, l'autre jour.
Leal, fidéle.
Lealment, fidélement.
Leaument, leauté, fidélité.
Lecheré, *lechiere*, *lecheur*, luxurieux, débauché, qui aime la vie libertine.
Lecherie, débauche, vie joyeuse.
Ledenger, Voyez *Laidanger*.

Leu, lieu. Loup.
Liefres, levres.
Lié, *liez*, joyeux.
Lingne, *lingas*, bâtons, buches, morceaux de bois.
Lo, *loue*, approuve, conseille.
Loer, approuver, conseiller.
Loist, il est permis.
Loit [rime], lie, joint.
Loier, récompense.
Longaigne, canal, étang, vivier. Lieu souterrain.
Longaigne, adject. long.
Los, réputation, conseil, avis, approbation; *terre de los*, terre fameuse, titrée.
Luiers, récompense.

M

MAin, matin.
Mains, demeure. Moins. Plusieurs; Né, puîné.
Mais, à présent; pourvû que, à condition; *je n'en peux mais*, ce n'est pas ma faute, je ne peux plus.
Maisnie, famille, domestique.

Malage, maladie, infirmité.
Malart, malice, tromperie, trahison.
Malart, oiseau sauvage.
M'ame, mon ame.
Manaie, puissance, garde, jouissance.
Manans, demeurans. Riches, regorgeant de richesses.
Manche, manchote, estropiée de la main.
M'andoille, mon andouille.
Manacer, *manecer*, menacer.
Manefle, broche, vrille.
Maner, demeurer.
Mantel, manteau.
Mar, malheur; *mar mal*, mal-à-propos, à la mauvaise heure.
Marvoiez, hors du sens, du chemin.
M'aventure, mon aventure.
Maufez, diables.
Mautalent, dépit, fureur, colere, rage, mauvaise volonté.
Mehain, blessure, contusion.
Mehaingnier, blesser, contuser.
Meffet, crime, tort; *estre meffet*, avoir tort.
Meins, moins. Je demeure.
Meisse, que j'eusse mis.

Meisse, que je demeurasse.
Mellans, mellens, merlans.
Membrer, se ressouvenir, rappeller des choses passées.
Mençolie, aleure, conduite, façon d'agir.
Mendre, moindre, plus petit.
Menjust, qu'il mange.
Menoir, subst. demeure.
Menoir, demeurer.
Menoir [pour la rime], mineur.
Menor, mineur.
M'entente, mon intention.
Mentoivre, se ressouvenir.
Menvois, je m'en vais.
Mes. Voyez *Mais*.
Mescheir, mescheoir, arriver mal.
Meschief, malheur.
Meschine, fille en général, servante.
Meschinette, petite fille.
Mescroire, soupçonner, se méfier.
Mesesance, malheur, mauvais état.
Mesgnie, mesnie, famille, domestique.
Mestier, besoin, nécessaire; *mestier m'est*, il m'est nécessaire; *si mestier est*, s'il est nécessaire.
Mi, moi, mon, mes.

Mie, pas.
Mirer, rendre, récompenser.
Mieue, ma, mienne.
Miex, *miez*, mieux.
Miez, miel.
Mignot, joli, poli, agréable.
Moes, moues.
Moies, miennes, mes.
Moie, tas de bled.
Moillier, femme.
Monſtier, Eglise, Monastere.
Mont, monde.
Morel, *Moriax*, cheval noir.
Muire, meurt, de *Mourir*.
Muir, mugir.
Mut, parut.

N

Naches, les fesses.
Nel, ne le.
Nelui, nul.
Nepourquant, cependant.
Neis, *nis*, pas même.
Nice, novice, sans expérience.
No, notre.
Noiant, *noient*, néant.
Noier, nier.

Non fachant, ignorant; *à loi de non fachant*, comme un ignorant.

O

O, avec.
Ochoifon, fujet, occafion.
Oez, œufs. Yeux. Profit, avantage. Plaifir, gré, volonté; *chofe faite à l'oez d'une autre*, faite l'une pour l'autre.
Oirre, cruche. Chemin, train; *grant oirre*, grand train.
Oirrer, marcher.
Orce, ours.
Orendroit, à ce moment, juftement; dans ce tems.
Orez, orage.
Orguiex, orgueil.
Orine, origine. Urine.
Orlains, *Orliens*, Orléans.
Orrez, entendrez.
Ortaux, orteils, les pouces des pieds.
Oft, armée. Ofe.
Oftil, outil.
Ot, eut. Entendit.
Ou, au.

Oue, oie.
Ourer, travailler. Prier.

P

PAlefrai, palefroi, cheval dréffé au manege.
Parage, parenté.
Parc, lieu destiné au combat.
Parlement, conférence.
Paroilles, pareilles.
Paroft, qu'il parle.
Paticle, joie, grand bruit, fracas.
Paumoier, manier, agiter de la main quelque chose.
Pautonier, homme disposé à tout.
Péchière, pécheur, peccator.
Pechiere, pêcheur, piscator.
Peçons. Voyez les trois Meschines, page 196.
Peiffer, pisser.
Pel, peau. Piquet, pieu, levier.
Pelice, robe.
Pennes, plumes, ailes.
Perc, parc.
Percheux, perecheux, pereceus, las, abbatu, paresseux.
Perier, poirier.

Perrin, perron, escalier.
Pers, bleu foncé. Taffetas.
Pertus, pertuis, trous.
Peschiere. Voyez *Pechiere*.
Piautre, étable, chenil.
Piece, espace.
Pieça, il y a long tems.
Piment, vin rouge.
Piot, oiseau qui commence à voler.
Pis, poitrine.
Plain, plaine, lieu uni.
Plaigne, plaine.
Planté, *plenté*, abondance.
Platel, plat.
Plentive, abondante.
Plet, discours, dispute, projet; *bastir un plet*, former un dessein.
Poi, peu.
Poinil, l'anus.
Poirre, peter.
Poirriez, peteriez.
Poiser, fâcher, chagriner.
Poist, fâche, chagrine.
Porees [rime], portes.
Porcuite, encuirassée, remplie de ruse.
Porée, légumes fricassées, potage aux herbes.

Porpenser, pourpenser, préméditer, réfléchir, former un dessein.
Porpris, pourpris, enceinte.
Posnée, grand train, grand étalage, grand équipage, pompe.
Postis, fausse porte, palissades.
Pou, peu. Paul.
Pouret, pauvre.
Pourerex, pauvreté.
Prael, praiaux, preau, pré, prairie.
Preu, prudent, vaillant. Profit.
Prendre, commencer.
Primes, d'abord, en premier lieu.
Primes du jour, six heures du matin.
Priveement, en particulier.
Provoire, Prêtre, Curé.
Puer, jetter puer, rejetter, refuser.
Pullent, puant, abject, bas.
Pute, abject, bas, vile; *de pute affaire, de pute estre*, de basse extraction.

Q

Quanque, tout ce que.
Quarolle, danse, concert.
Que que, pendant que.
Que qu'elle, pendant qu'elle.

Querir, chercher.
Quex, cuisinier.
Quider, penser, croire, s'imaginer.

R

Rafaitier, rafetier, racommoder, ajuster.
Radrecer, retourner, remettre dans le chemin.
Ramentoivre, se souvenir.
Randon, rendon, secousses rapides, force, violence.
Ravoier, remettre dans le chemin.
Rebinte, deux fois.
Reborse, revêche, rebutante, répugnante.
Reclaim, refrain, proverbe.
Recoi, cachette, coin; *en recoi*, en secret.
Recroire, lasser.
Recorir, se jetter derechef.
Remenant, restes, restant.
Remese, restée, demeurée.
Remest, reste, demeure.
Remirer, considérer, examiner.
Repentaille, cachette, secret.

Repere, retour, demeure.
Reperier, retourner.
Reperier, subst. retour.
Repondre, cacher.
Repons, caché.
Repus, repus, caché.
Res, *rese*, rasé, rasée.
Reson, *mettre à reson*, parler à quelqu'un.
Resolue, reprise, enlevée une seconde fois.
Retraire, *retrere*, rapporter, réciter.
Retrère, retirer.
Rien, chose.
Roi, rets, filets.
Roiller, rouler, agiter.
Roncin, cheval de travail, de valet.
Route, rompue. Bande de gens.
Rubeste, rude, sauvage, disgracieuse.

S.

Sacher, tirer en agitant.
Sade, sage, agréable, gracieuse.
Sadette, un peu sage.
Safrener, agraffer.

Saigner, *fainier*, marquer, faire le figne de la croix.
Saindre, ceindre, mettre une ceinture, environner; d'où *faint*, ceint, *fainte*, ceinte.
Saire (lire *S'aïre*), fa colere.
Saire (lire *S'aire*), fa grange, fa place.
S'avertir, s'appercevoir.
S'avolonter, s'empreffer, fe difpofer à obéir.
Savoir, fageffe; *faire favoir*, agir fagement, prudemment; *favoir fol*, imprudence, témérité.
Saus, fols, *folidi*; *vingt faus*, vingt fols.
Saus, *faut*, falue.
Saut, fort.
Seignor, mari.
Semondre, fommer, inviter.
Sené, fage, fenfé.
Seneftre, gauche.
Séqueurre, fecoure.
Ses, fi les, & les, fon, fa.
S'efpeufe, fon époufe.
Seue, fienne, fa.
Seus, feul.
Si, fon, fa, fes; ces.

Sire, mari, maître.
S'ire, sa colere.
Soiaus, soieus, de soie, ou ressemblans à de la soie; *cheveux soians*, ressemblans à la soie, fins comme de la soie.
Soie, sienne, sa.
Solacier, consoler, soulager, se réjouir, avoir de la joie, de la consolation.
Solaus, Soleil.
Sole, seule.
S'aoule, lasse.
Solier, salle en général, galetas, soit par haut, soit par bas.
Sollers, souliers.
Sor, sur.
Sorcil, sourcils.
Sorporter, supporter, endurer.
Sot, sceut.
S'ot, & entendit.
Souef, souez, doux, agréable.
Soulacier. Voyez *Solacier*.
Soupapes, soufflets, coups de poings.
Soupelis, surplis.
Soutis, sutis, subtil, adroit.

T

Taint, tainte, pâle, défigurée.
Talent, envie, volonté, empressement.
Taut, enleve.
Tencer, résister, combattre, disputer, quereller.
Tençon, combat, dispute.
Tenor ; estre en tenor, être en possession.
Terdre, nétoyer, essuyer, torcher.
Ters, nétoyé, essuyé, torché.
Test, vase, soucoupe.
Testée [pour la rime], *rouge testée*, tête ensanglantée.
Teus, tels.
Tinel, bâton.
Tiue, tienne, ta.
Tollir, enlever.
Tolt, enleve.
Tollistes, enlevates.
Tolois, j'enlevois.
Tolu, enlevé.
Torne, niece.
Tornoi, joûte.
Tornoier, joûter.

Tornoier, subst. joûte.
Tort, tortu. Dommage. Tourne.
Touse, fille bonne à marier.
Toutevoies, cependant.
Tousdis, *toxdis*, toujours.
Trahitor, *traïtor*, traître.
Traire, *trere*, tirer.
Trere à tesmoing, prendre à témoin.
Tramettre, envoyer, mettre, placer.
Traus, trous.
Trescher fors, enlever.
Treces, *treches*, cheveux.
Tres oïr, ouïr, entendre clairement, distinctement.
Tristan; chanter de Tristan, faire des lamentations. *Roman de Tristan*, Chevalier de la table ronde, critiqué pour sa longueur dans *Sire Hains & Dame Anieuse*.
Truel, filet à pêcher au bout d'une perche.
Truffer, tromper, amuser de paroles.
Truffes, contes en l'air.
Tuert, tourne.
Tuiel, tuyau; *tuiel de culote*, canon de culotte.
Tuit, tous.

V

Vair, vaire, vairon, de différentes couleurs.
Valles, vallet, fils.
Veer, veir, voir.
Veer, défendre.
Vengement, vengeance.
Vermaux, rouges.
Vesprée, le soir.
Vesques, Evêque.
Uevre, œuvre, ouvrage, opération. Ouvre.
Uevrir, ouvrir.
Viex, vieux.
Vir, voir.
Virenli, violoner, jouer du violon, chanter.
Vis, porte. Visage. Vil. Vivant. Avis.
Visnage, voisinage.
Viste, prompt, alerte.
Vo, votre.
Voir, voire, vrai, vérité.
Voirre, verre.
Vois, je vais.
Volentif, volenteuse, volentieus, de bonne volonté, empressé, disposé.

Voulsist, eût voulu.
Wil, veuille.

Y

Yex, yeux.
Yglise, Eglise.
Ylliers, les flancs.
Yseult, *Ysoue*, femme de Tristan, Chevalier de la table ronde, & son amante.
Yux, tels, semblables.

Fin du Vocabulaire.

TABLE

D'AUTRES FABLIAUX

Qui se trouvent dans les mêmes Manuscrits.

N° 7218 DE LA BIBLIOTHEQUE ROYALE.

Le Dit du Baril, fol. 1. Biblioth. de N. D. cote N. n° 7. *Du Chevalier au Barizel.*

De l'Estourmi, fol. 11. Par Hues Piaucelle. C'est le même fond que *les trois boçus menestrels.*

D'Auberée de Compigne. fol. 24. Dans les Fabliaux de S. Germain: *D'Auberée la vieille maquerelle*. Dans le Mſ. 7615. C'est *d'Auberée de Compiegne*.

Du mantel mautaillié, fol. 27.

Biblioth. du Roi 6973. *Le court mantel.* Dans le n° 7615. *Du court mantel.*

Li lais de conseil, fol. 33. N° 7615. *Ci commence le lai de conseil.*

Le lai de l'ombre, fol. 40. Par Jean Renart. Dans le n° 7615, & dans les Fabliaux de S. Germain : *L'ombre de l'anel.*

De Barat & Haimet, fol. 51. Fabliaux de S. Germain : *De Haimet, Barat & Travers.*

De Courtois d'Arras, fol. 63. Imitation de l'Enfant prodigue. Fabliaux de S. Germain : *Ci commence de Cortois d'Artois.*

De Jouglet, fol. 116.

La Houce partie, fol. 150. Il n'y a qu'un fragment.

Du Bouchier d'Abbeville. Par Eustace d'Amiens.

BIBLIOTHEQUE DU ROI 7989.

Du C. fait à la besche, fol 170.
Le quatre souhaits sainz Martin, fol. 189.
Le dit des fevres, fol. 197.
De la vieille truande, fol. 212.
N° 7989 du Roi.
Le jugement Salemon, fol. 223.
Biblioth. du Roi 7615.
De Dame Guile, fol. 224.
Du Prestre & des deux Bibaux, fol. 235.   R/
De l'Eschacier, fol. 259.
Du Secrestain & de la femme au Chevalier, fol. 299.
Du vair Palefroy, fol. 348. Par Huon le Roy.
Gautier d'Aupais, fol. 344.

TABLE

MANUSCRIT DE L'EGLISE DE PARIS COTE N. N° 2.

Ci comence de Groignet & Petit.

FABLIAUX DE S. GERMAIN N° 1830.

Li castoiement que li pere enseigne à son fils. Cet Ouvrage rassemble des instructions qu'un pere donne à son fils. Elles y sont variées sous la forme de Contes & de Fabliaux, dont on indique les titres tels qu'ils sont dans le Ms.

Du preudome qui avoit demi ami.
De deux bons amis loiaux.
D'un vilain tigneux & boçu.
De la male Dame.
D'une autre.
D'une autre ancore.

Du

D'AUTRES FABLIAUX.

Du Fableor.

De la male vieille qui conchia la preude femme.

De celui qui enferma fa femme en une tor. C'eſt le Georges Dandin.

D'un home qui comanda fon avoir, & cil à qui il le comanda, le nia.

Le jugement de l'oille qui fu priſe en garde.

De deux borgois & d'un vilain.

Du tailleor le Roy & de fon fergeant.

De deux lecheors.

Du vilain qui dona fes bués au lou.

Du larron qui embraça le rai de la Lune.

De Marclon qui diſt ce c'on li demanda.

D'un marcheant qui alla veoir fon frere.

De Maimon le pareceux.
Du Roy Alixandre & du Segretain.
D'un larron qui demoura trop au trésor.
D'un Philosophe qui paſſa par un cimentire.
D'un preudome qui reſcolt ſon compere noier.
Du ſegretain moine.

Nº DU ROY 7615.

Cy començe li dis du Soucretain.

Nº 7534.

Tu Preſtre c'on portoit, ou Fabel de la longue nuit.
De la Dame qui fu eſçoillée.

DANS LE MS. DU ROY 7615.

De la male Dame.

D'AUTRES FABLIAUX.

Du foteor.
Du Prestre & Alison.
Du Prestre qui dist la Passion.
Du Prestre & de la Dame.
De deux brodeors ribaux.
Du convoiteux & de l'envieux.
Du vilain asnier.
Du Provoire qui mangea les mores.
De Guillaume au faucon.
Roman des Treces.

Ms. DU ROI 7534.

Du Prestre qui abeuvetoit.
Du valet qui d'aise à mal aise se met.
Du Prestre & du Chevalier.
De la femme qui conchie son mari.

Ms. DU ROI 7615.

De trois Dames qui trouverent

un V... C'eſt la fable de l'huître.

De celle qui ſe fiſt refaire par un magnien. (chaudronier.).
Ce n'eſt qu'un fragment, la fin manque.

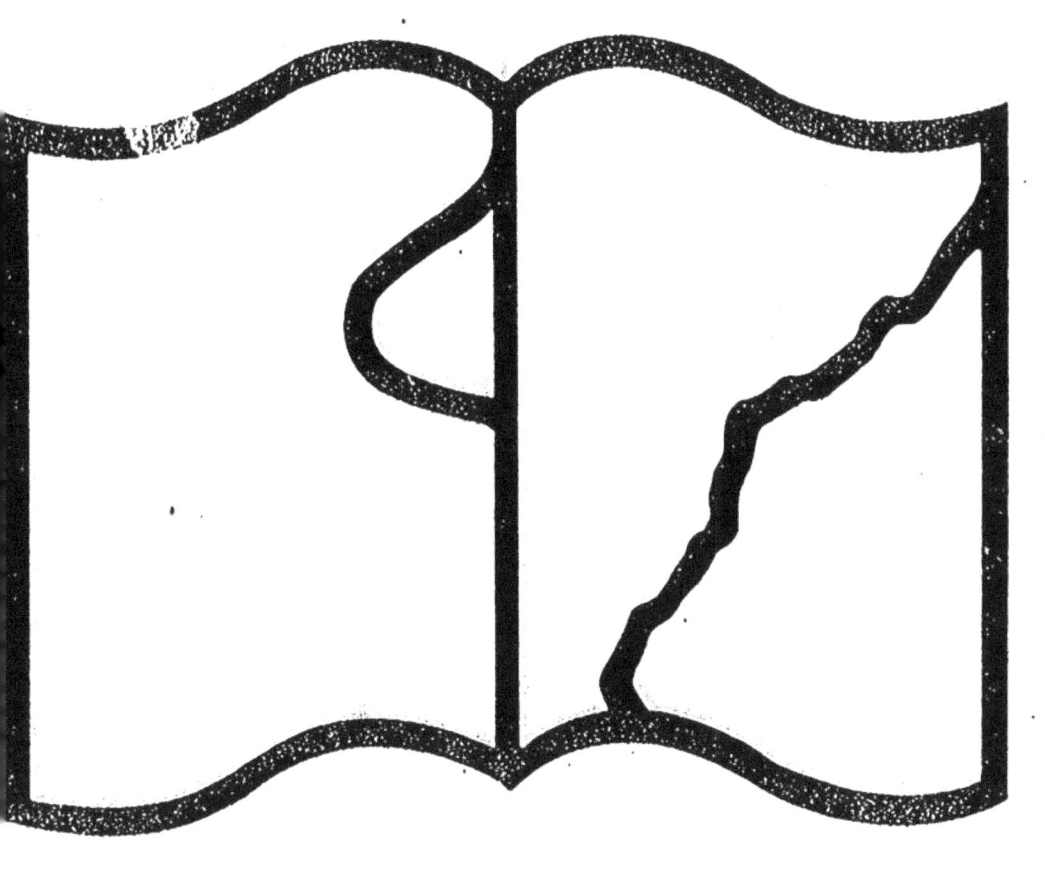

Texte détérioré — reliure défectueuse

NF Z 43-120-11

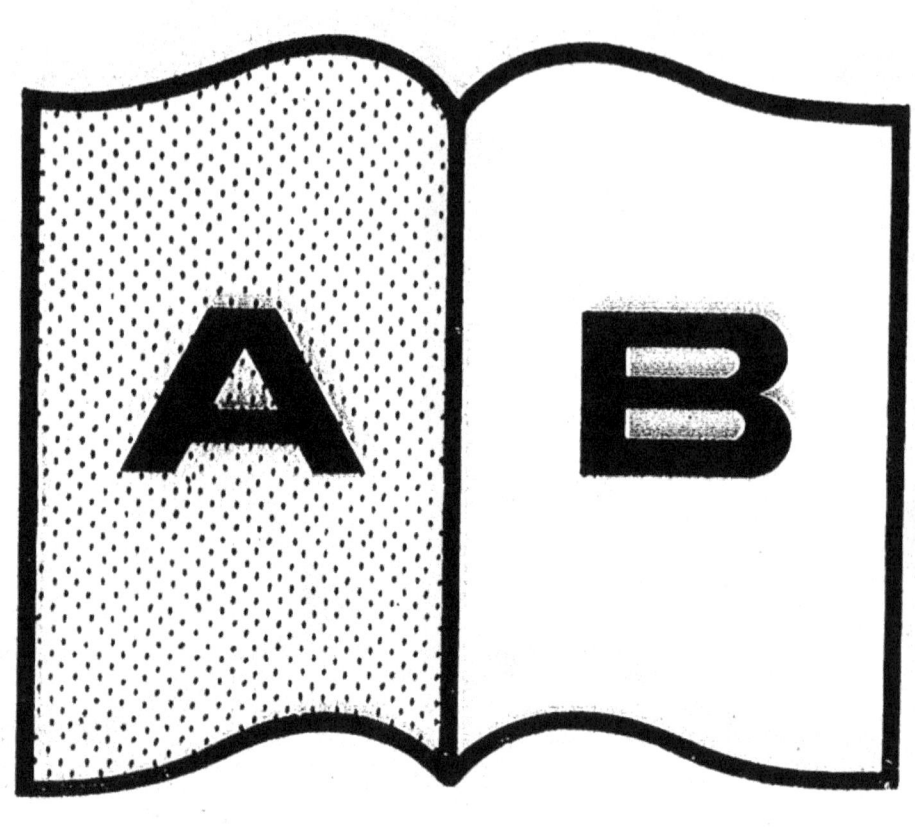

Contraste Insuffisant
NF Z 43-120-14

www.ingramcontent.com/pod-product-compliance
Lightning Source LLC
Chambersburg PA
CBHW060359170426
43199CB00013B/1923